Kulinarny Świt Zdrowia

Twoje Podręcznik do Przeciwzapalnej Kuchni

Joanna Nowak

Indeks

Składniki na taco z klopsikami: 16

Instrukcje: 17

Zoodles Pesto z łososia i awokado Porcje: 4 19

Składniki: 19

Instrukcje: 19

Batat przyprawiony kurkumą, jabłkiem i cebulą z kurczakiem 21

Składniki: 21

Ziołowy grillowany stek z łososia Porcje: 4 23

Składniki: 23

Instrukcje: 23

Tofu i letnie warzywa z przyprawami włoskimi Porcje: 4 25

Składniki: 25

Instrukcje: 25

Sałatka z truskawkami i kozim serem Składniki: 27

Instrukcje: 27

Gulasz z kalafiora z kurkumą i dorszem Porcje: 4 29

Składniki: 29

Instrukcje: 30

Delight z orzechami włoskimi i szparagami Porcje: 4 31

Składniki: 31

Instrukcje: 31

Makaron Alfredo z Cukinii Składniki: 32

Instrukcje: 32

Kurczak Quinoa Peru Składniki: 34

Instrukcje: 35

Makaron z dyni i czosnku Porcje: 4 37

Składniki: 37

Instrukcje: 38

Pstrąg na parze z czerwoną fasolą i salsą paprykową Porcje: 1 39

Składniki: 39

Instrukcje: 40

Porcje zupy ze słodkich ziemniaków i indyka: 4 41

Składniki: 41

Instrukcje: 42

Miso z grillowanym łososiem Porcje: 2 43

Składniki: 43

Instrukcje: 43

Porcje prostego smażonego filetu w płatkach: 6 45

Składniki: 45

Instrukcje: 45

Wieprzowina Carnitas Porcje: 10 46

Składniki: 46

Instrukcje: 47

Zupa Biała Ryba Z Warzywami 48

Porcje: 6 do 8 48

Składniki: 48

Instrukcje: 48

Cytrynowe Małże Porcje: 4 50

Składniki: 50

Instrukcje: 50

Porcje łososia z cytryną i pieprzem: 2 51

Składniki: 51

Instrukcje: 51

Porcje makaronu z tuńczykiem z serem: 3-4 52

Składniki: 52

Instrukcje: 52

Paski rybne w panierce kokosowej Porcje: 4 54

Składniki: 54

Instrukcje: 55

Porcje meksykańskiej ryby: 2 56

Składniki: 56

Instrukcje: 56

Pstrąg z Salsą Ogórkową Porcje: 4 58

Składniki: 58

Porcje Shrimp Lemon Zoodles: 4 60

Składniki: 60

Instrukcje: 60

Porcje chrupiących krewetek: 4 62

Składniki: 62

Instrukcje: 62

Porcje grillowanego okonia morskiego: 2 63

Składniki: 63

Instrukcje: 63

Porcje ciast z łososiem: 4 64

Składniki: 64

Instrukcje: 64

Pikantne porcje dorsza: 4 65

Składniki: 65

Instrukcje: 65

Porcje pasty z wędzonego pstrąga: 2 66

Składniki: 66

Instrukcje: 66

Porcje tuńczyka i szczypiorku: 4 68

Składniki: 68

Instrukcje: 68

Porcje krewetek z cytryną i pieprzem: 2 69

Składniki: 69

Instrukcje: 69

Porcje gorącego steku z tuńczyka: 6 70

Składniki: 70

Instrukcje: 70

Porcje łososia cajun: 2 72

Składniki: 72

Instrukcje: 72

Quinoa Miska Łososia Z Warzywami 73

Porcje: 4 73

Składniki: 73

Porcje mielonej ryby: 4 75

Składniki: 75

Instrukcje: 75

Porcje prostych kotlecików z łososia: 4 76

Składniki: 76

Instrukcje: 77

Porcje popcornu z krewetkami: 4 78

Składniki: 78

Instrukcje: 79

Pikantna pieczona ryba Porcje: 5 80

Składniki: 80

Instrukcje: 80

Porcje tuńczyka z papryką: 4 81

Składniki: 81

Instrukcje: 81

Porcje kotlecików rybnych: 2 82

Składniki: 82

Instrukcje: 82

Przegrzebki smażone w miodzie Porcje: 4 83

Składniki: 83

Instrukcje: 83

Filet z dorsza z grzybami shiitake Porcje: 4 85

Składniki: 85

Instrukcje: 85

Porcje grillowanego białego okonia morskiego: 2 87

Składniki: 87

Instrukcje: 87

Porcje morszczuka z pieczonym pomidorem: 4-5 88

Składniki: 88

Instrukcje: 88

Buraczki Zapieczętowane Plamiak Porcje: 4 90

Składniki: 90

Szczere porcje topionego tuńczyka: 4 92

Składniki: 92

Instrukcje: 92

Łosoś z limonką i limonką kaffir Porcje: 8 94

Składniki: 94

Instrukcje: 94

Delikatny łosoś z sosem musztardowym Porcje: 2 96

Składniki: 96

Instrukcje: 96

Porcje sałatki krabowej: 4 98

Składniki: 98

Instrukcje: 98

Pieczony Łosoś Z Sosem Miso Porcje: 4 99

Składniki: 99

Instrukcje: 99

Pieczony dorsz z ziołami i miodem Porcje: 2 101

Składniki: 101

Instrukcje: 101

Mix Dorsza z Parmezanem Porcje: 4 103

Składniki: 103

Instrukcje: 103

Porcje chrupiących krewetek czosnkowych: 4 104

Składniki: 104

Instrukcje: 104

Kremowa mieszanka okonia morskiego Porcje: 4 105

Składniki: 105

Instrukcje: 105

Ogórek Ahi Poke Porcje: 4 106

Składniki: 106

Porcje Mieszanego Dorsza z Miętą: 4 108

Składniki: 108

Instrukcje: 108

Porcje tilapii z cytryną i kremem: 4 110

Składniki: 110

Instrukcje: 110

Porcje rybnych tacos: 4 112

Składniki: 112

Instrukcje: 113

Imbirowa Bass Mix Porcje: 4 114

Składniki: 114

Instrukcje: 114

Porcje krewetek kokosowych: 4 115

Składniki: 115

Porcje Wieprzowiny Z Dynią Gałką Muszkatołową: 4 117

Składniki: 117

Instrukcje: 118

Suflet Cheddar i Szczypiorek Porcje: 8 119

Składniki: 119

Instrukcje: 120

Gryczane naleśniki z mlekiem migdałowym i wanilią Porcje: 1 ... 121

Składniki: 121

Instrukcje: 121

Filiżanki ze szpinakiem i jajkiem Feta Porcje: 3 123

Składniki: 123

Instrukcje: 123

Porcje Śniadaniowej Frittaty: 2 125

Składniki: 125

Instrukcje: 125

Burrito z kurczaka z komosy ryżowej Porcje: 6 126

Składniki: 126

Instrukcje: 127

Tosty Avo Z Jajkiem Porcje: 3 128

Składniki: 128

Instrukcje: 128

Porcje płatków owsianych migdałowych: 2 129

Składniki: 129

Instrukcje: 129

Naleśniki Choco-nana Porcje: 2 130

Składniki: 130

Instrukcje: 130

Porcje batonów owsianych ze słodkich ziemniaków: 6 132

Składniki: 132

Instrukcje: 133

Łatwe porcje placków ziemniaczanych: 3 135

Składniki: 135

Instrukcje: 135

Frittata z pieczarkami i szparagami Porcje: 1 137

Składniki: 137

Instrukcje: 137

Zapiekanka z tostami francuskimi w powolnej kuchence Porcje: 9 139

Składniki: 139

Instrukcje: 140

Porcje Kiełbaski z Indyka Z Tymiankiem I Szałwią: 4 141

Składniki: 141

Instrukcje: 141

Koktajl Szpinakowo-Wiśniowy Porcje: 1 143

Składniki: 143

Instrukcje: 143

Porcje ziemniaków na śniadanie: 2 144

Składniki: 144

Instrukcje: 144

Błyskawiczne porcje płatków owsianych i bananów: 1 145

Składniki: 145

Instrukcje: 145

Bananowo-migdałowe smoothie Porcje: 1 146

Składniki: 146

Instrukcje: 146

Niepieczone czekoladowe batony energetyczne z chia Porcje: 14 147

Składniki: 147

Instrukcje: 147

Owocowa miska śniadaniowa z siemienia lnianego Porcje: 1 149

Składniki: 149

Instrukcje: 150

Płatki śniadaniowe w powolnej kuchence Porcje: 8 151

Składniki: 151

Instrukcje: 151

Porcje Chleba Dyniowego: 12 153

Składniki: 153

Instrukcje: 154

Kokosowo-malinowy budyń chia Porcje: 4 156

Składniki: 156

Instrukcje:... 156

Sałatka na weekendowe śniadanie Porcje: 4 157

Składniki: 157

Instrukcje:... 158

Pyszny tandetny wegetariański ryż z brokułami i kalafiorem 159

Składniki: 159

Instrukcje:... 160

Porcje tostów śródziemnomorskich: 2 161

Składniki: 161

Instrukcje:... 161

Porcje sałatki śniadaniowej ze słodkich ziemniaków: 2 163

Składniki: 163

Instrukcje:... 163

Porcje fałszywych kubków śniadaniowych Hash Brown: 8 164

Składniki: 164

Instrukcje:... 164

Omlet ze szpinakiem i grzybami Porcje: 2 165

Składniki: 165

Instrukcje:... 165

Wrapy Sałatowe Z Kurczakiem I Warzywami Porcje: 2 167

Składniki: 167

Instrukcje:... 168

Kremowo-cynamonowo-bananowa miska Porcje: 1 169

Składniki: 169

Dobra Kasza Z Żurawiną I Cynamonem Porcje: 2 170

Składniki: 170

Instrukcje:... 170

Omlet śniadaniowy Porcje: 2 172

Składniki: 172

Instrukcje: 172

Pełnoziarnisty Chleb Kanapkowy Porcje: 12 173

Składniki: 173

Instrukcje: 173

Rozdrobnione Gyros z Kurczaka 175

Składniki: 175

Instrukcje: 176

Porcje zupy ze słodkich ziemniaków: 6 177

Składniki: 177

Instrukcje: 177

Składniki na miskę burrito z komosy ryżowej: 179

Instrukcje: 180

Brokuły z migdałami Porcje: 6 181

Składniki: 181

Instrukcje: 181

Składniki na danie z quinoa: 183

Instrukcje: 183

Porcje sałatki jajecznej czystego jedzenia: 2 185

Składniki: 185

Instrukcje: 185

Porcje Chili z białej fasoli: 4 186

Składniki: 186

Instrukcje: 187

Porcje tuńczyka z cytryną: 4 188

Składniki: 188

Instrukcje: 188

Tilapia ze szparagami i cukinią Porcje: 4 190

Składniki: 190

Instrukcje: 190

Gotuj farsz z kurczaka z oliwkami, pomidorem i bazylią 192

Składniki: 192

Instrukcje: 192

Ratatuj Porcje: 8 194

Składniki: 194

Instrukcje: 194

Porcje zupy z klopsikami z kurczaka: 4 196

Składniki: 196

Instrukcje: 197

Sałatka Colesław i Pomarańcza Z Cytrusowym Vinaigrette 198

Składniki: 198

Instrukcje: 199

Porcje tempeh i warzyw korzeniowych: 4 200

Składniki: 200

Instrukcje: 200

Porcje zielonej zupy: 2 202

Składniki: 202

Instrukcje: 203

Składniki na Chleb Pepperoni: 204

Instrukcje: 205

Gazpacho z buraków Porcje: 4 206

Składniki: 206

Instrukcje: 206

Rigatoni z pieczonej dyni Składniki: 208

Instrukcje: 208

Zupa Capellini z Tofu i Krewetkami Porcje: 8 210

Składniki: 210

Instrukcje: 211

Schab z Pieczarkami i Ogórkami Porcje: 4 212

Składniki: 212

Instrukcje: 212

Porcje paluszków z kurczaka: 4 214

Składniki: 214

Instrukcje: 214

Balsamiczny Pieczony Kurczak Porcje: 4 216

Składniki: 216

Instrukcje: 216

Porcje steków i grzybów: 4 218

Składniki: 218

Instrukcje: 218

Porcje mięsne Porcje: 4 219

Składniki: 219

Instrukcje: 219

Składniki na taco z klopsikami:

Klopsy:

1 funt chudej mielonej wołowiny (pod dowolnym mięsem mielonym, takim jak wieprzowina, indyk lub kurczak)

1 jajko

1/4 szklanki drobno posiekanego jarmużu lub chrupiących ziół, takich jak pietruszka lub kolendra (opcjonalnie)

1 łyżka soli

1/2 łyżeczki czarnego pieprzu

taco tacos

2 szklanki sosu Enchilada (używamy robionego na zamówienie) 16 klopsików (wcześniej zapisane mocowanie)

2 szklanki ugotowanego ryżu, białego lub brązowego

1 awokado, pokrojone

1 szklanka lokalnej Salsy lub Pico de Gallo 1 szklanka tartego sera

1 papryczka jalapeno, drobno pokrojona (wedle uznania)

1 łyżka kolendry, posiekanej

1 cytryna, pokrojona w kliny

Chipsy tortilla, do podania

Instrukcje:

1. Aby zrobić/zamrozić

2. W dużej misce wymieszaj mieloną wołowinę, jajka, jarmuż (jeśli używasz), sól i pieprz. Mieszaj rękami tylko do równomiernego skonsolidowania.

Uformuj 16 klopsików oddalonych od siebie o około 1 cal i umieść na zabezpieczonej folią płycie foliowej.

3. Jeśli zużyjesz w ciągu kilku dni, przechowuj w lodówce do 2 dni.

4. W przypadku zamrożenia wstawić foliowy pojemnik do lodówki do czasu, aż klopsiki stwardnieją. Przenieś się do torby termoizolacyjnej. Klopsiki będą przechowywane w lodówce przez 3 do 4 miesięcy.

5. Gotuj

6. W średnim rondlu zagotuj sos enchilada na małym ogniu. Dołącz klopsiki (nie ma ważnego powodu do rozmrażania najpierw, jeśli klopsiki są

zestalony). Gotuj klopsiki, aż się ugotują, 12 minut, zakładając, że są chrupiące i 20 minut, gdy się zestalą.

7. Podczas gdy klopsiki się gotują, przygotuj różne mocowania.

8. Ułóż miseczki taco jeden na drugim, dekorując ryż klopsikami i sosem, pokrojonym awokado, salsą, cheddarem, plasterkami jalapeño i kolendrą. Prezent z plasterkami limonki i chipsami tortilla.

Zoodles Pesto z łososia i awokado Porcje: 4

Czas gotowania: 25 minut

Składniki:

1 łyżka pesto

1 cytryna

2 mrożone/świeże steki z łososia

1 duża cukinia, spiralna

1 łyżka czarnego pieprzu

1 awokado

1/4 szklanki parmezanu, startego

przyprawa włoska

Instrukcje:

1. Rozgrzej piekarnik do 375 F. Dopraw łososia włoską przyprawą, solą i pieprzem i piecz przez 20 minut.

2. Do miski dodaj awokado wraz z łyżką pieprzu, sokiem z cytryny i łyżką pesto. Uwielbiam awokado i książkę.

3. Dodaj makaron z cukinii do naczynia do serwowania, a następnie mieszankę z awokado i łososia.

4. Posyp serem. W razie potrzeby dodaj więcej pesto. Doceniać!

Informacje żywieniowe:128 kalorii 9,9 g tłuszczu 9 g węglowodanów ogółem 4 g białka

Batat przyprawiony kurkumą, jabłkiem i cebulą z kurczakiem

Porcje: 4

Czas gotowania: 45 minut

Składniki:

2 łyżki niesolonego masła, w temperaturze pokojowej 2 średnie słodkie ziemniaki

1 duże jabłko Granny Smith

1 średnia cebula, cienko pokrojona

4 piersi z kurczaka z kością i skórą

1 łyżeczka soli

1 łyżeczka kurkumy

1 łyżeczka suszonej szałwii

¼ łyżeczki świeżo zmielonego czarnego pieprzu

1 szklanka cydru jabłkowego, białego wina lub rosołu z kurczaka Instrukcje:

1. Rozgrzej piekarnik do 400°F. Naczynie do zapiekania wysmarować masłem.

2. Ułóż słodkie ziemniaki, jabłko i cebulę w jednej warstwie na blasze do pieczenia.

3. Ułożyć kurczaka skórą do góry i doprawić solą, szafranem, szałwią i pieprzem. Dodaj cydr.

4. Piecz przez 35 do 40 minut. Wyjąć, odstawić na 5 minut i podawać.

Informacje żywieniowe:Kalorie 386 Tłuszcz ogółem: 12 g Węglowodany ogółem: 26 g Cukier: 10 g Błonnik: 4 g Białko: 44 g Sód: 932 mg

Ziołowy grillowany stek z łososia Porcje: 4

Czas gotowania: 5 minut

Składniki:

1 funt steku z łososia, umyty 1/8 łyżeczki pieprzu cayenne 1 łyżeczka chili w proszku

½ łyżeczki kminku

2 ząbki czosnku, posiekane

1 łyżka oliwy z oliwek

¾ łyżeczki soli

1 łyżeczka świeżo zmielonego czarnego pieprzu

Instrukcje:

1. Rozgrzej piekarnik do 350 stopni F.

2. W misce wymieszaj pieprz cayenne, chili w proszku, kminek, sól i czarny pieprz. Odłóż ją na bok.

3. Skrop stek z łososia oliwą z oliwek. Pocierać z obu stron. Natrzyj czosnek i przygotowaną mieszankę przypraw. Pozwól odpocząć przez 10 minut.

4. Gdy smaki się połączą, przygotuj nieprzywierającą patelnię.

Podgrzej olej. Gdy jest gorący, przyprawiaj łososia przez 4 minuty z obu stron.

5. Przenieś patelnię do piekarnika. Piec przez 10 minut. Podawać.

<u>Informacje żywieniowe:</u>Kalorie 210 Węglowodany: 0 g Tłuszcz: 14 g Białko: 19 g

Tofu i letnie warzywa z przyprawami włoskimi

Porcje: 4

Czas gotowania: 20 minut

Składniki:

2 duże cukinie, pokrojone w ¼-calowe plastry

2 duże cukinie, pokrojone w plastry o grubości ¼ cala 1 funt twardego tofu, pokrojone w 1-calowe kostki

1 szklanka bulionu warzywnego lub wody

3 łyżki oliwy z oliwek extra vergine

2 ząbki czosnku, pokrojone

1 łyżeczka soli

1 łyżeczka włoskiej mieszanki przypraw ziołowych

¼ łyżeczki świeżo zmielonego czarnego pieprzu

1 łyżka cienko pokrojonej świeżej bazylii

Instrukcje:

1. Rozgrzej piekarnik do 400°F.

2. Połącz cukinię, dynię, tofu, bulion, olej, czosnek, sól, włoską mieszankę przypraw ziołowych i pieprz w dużej brytfannie i wymieszaj.

3. Piec za 20 minut.

4. Posyp bazylią i podawaj.

<u>Informacje żywieniowe:</u>Kalorie 213 Tłuszcz ogółem: 16 g Węglowodany ogółem: 9 g Cukier: 4 g Błonnik: 3 g Białko: 13 g Sód: 806 mg

Sałatka z truskawkami i kozim serem Składniki:

1 funt chrupiących truskawek, posiekanych

Opcjonalnie: 1 do 2 łyżeczek nektaru lub syropu klonowego do smaku 2 uncje pokruszonego koziego sera cheddar (około ½ szklanki) ¼ szklanki chrupiącej bazylii plus kilka gałązek bazylii do dekoracji

1 łyżka oliwy z oliwek extra virgin

1 łyżka gęstego octu balsamicznego*

½ łyżeczki soli morskiej Maldon w płatkach lub niewystarczająca ¼ łyżeczka drobnej soli morskiej

Chrupiący mielony czarny pieprz

Instrukcje:

1. Rozłóż posiekane truskawki na średnim półmisku lub płytkiej misce. Jeśli truskawki nie są tak słodkie, jak byś chciał, polej je odrobiną nektaru lub syropu klonowego.

2. Posyp pokruszonym kozim cheddarem truskawki, a następnie posyp posiekaną bazylią. Po wierzchu skropić oliwą z oliwek i octem balsamicznym.

3. Talerz z mieszanką warzywną polerujemy solą, kilkoma małymi kawałkami mielonego czarnego pieprzu i zachowanymi listkami bazylii. Aby uzyskać jak najlepsze wprowadzenie, szybko podaj danie z mieszanych warzyw.

Skrawki dobrze przechowują się jednak w lodówce przez około 3 dni.

Gulasz z kalafiora z kurkumą i dorszem Porcje: 4

Czas gotowania: 30 minut

Składniki:

½ funta różyczek kalafiora

1 funt filetów z dorsza, bez kości, bez skóry i pokrojony w kostkę 1 łyżka oliwy z oliwek

1 żółta cebula, posiekana

½ łyżeczki nasion kminku

1 zielona papryka, posiekana

¼ łyżeczki kurkumy w proszku

2 pokrojone pomidory

Szczypta soli i czarnego pieprzu

½ szklanki bulionu z kurczaka

1 łyżka kolendry, posiekanej

Instrukcje:

1. Rozgrzać patelnię z oliwą z oliwek na średnim ogniu, dodać cebulę, paprykę, kminek i kurkumę, wymieszać i smażyć przez 5 minut.

2. Dodaj kalafior, rybę i pozostałe składniki, wymieszaj, zagotuj i gotuj na średnim ogniu przez kolejne 25 minut.

3. Rozłóż gulasz do miseczek i podawaj.

Informacje żywieniowe:Kalorie 281, Tłuszcz 6, Błonnik 4, Węglowodany 8, Białko 12

Delight z orzechami włoskimi i szparagami

Porcje: 4

Czas gotowania: 5 minut

Składniki:

1 i ½ łyżki oliwy z oliwek

¾ funta szparagów, przyciętych

¼ szklanki orzechów włoskich, posiekanych

Pestki słonecznika i pieprz do smaku

Instrukcje:

1. Rozgrzej patelnię na średnim ogniu, dodaj olej i pozwól mu się rozgrzać.

2. Dodaj szparagi, smaż przez 5 minut na złoty kolor.

3. Doprawić słonecznikiem i pieprzem.

4. Usuń ciepło.

5. Dodać orzechy i wymieszać.

Informacje żywieniowe: Kalorie: 124 Tłuszcz: 12 g Węglowodany: 2 g Białko: 3 g

Makaron Alfredo z Cukinii Składniki:

2 średnie spiralizowane cukinie

1-2TB wegańskiego parmezanu (opcjonalnie)

Szybki sos Alfredo

1/2 szklanki surowych nerkowców moczonych przez kilka godzin lub we wrzątku przez 10 minut

2 TB soku z cytryny

Drożdże odżywcze 3TB

2 łyżeczki białego miso (może być sub tamari, sos sojowy lub aminokwasy kokosowe)

1 łyżeczka cebuli w proszku

1/2 łyżeczki czosnku w proszku

1/4-1/2 szklanki wody

Instrukcje:

1. Spiralizuj makaron z cukinii.

2. Dodaj wszystkie składniki alfredo do szybkiego blendera (zaczynając od 1/4 szklanki wody) i mieszaj, aż będą gładkie. Jeśli sos jest zbyt gęsty, dodawaj po łyżce więcej wody, aż uzyskasz pożądaną konsystencję.

3. Makaron z cukinii polany sosem Alfredo i wegetariański wózek.

Kurczak Quinoa Peru Składniki:

1 szklanka quinoa, umytej

3-1/2 szklanki wody, odizolowane

1/2 funta chudego mielonego indyka

1 duża słodka cebula, pokrojona w plasterki

1 średnio słodka czerwona papryka, pokrojona w plasterki

4 ząbki czosnku, posiekane

1 łyżka sproszkowanej fasoli

1 łyżka mielonego kminku

1/2 łyżeczki cynamonu w proszku

2 puszki (15 uncji każda) czarnej fasoli, umytej i osuszonej 1 puszka (28 uncji) zmiażdżonych pomidorów

1 średnia cukinia, pokrojona na kawałki

1 papryczka chipotle w sosie adobo, pokrojona w plastry

1 łyżka sosu adobo

1 wąski arkusz

1 łyżeczka suszonego oregano

1/2 łyżeczki soli

1/4 łyżeczki pieprzu

1 szklanka zestalonej kukurydzy, rozmrożonej

1/4 szklanki posiekanej chrupiącej kolendry

Dowolne dodatki: pokrojone w kostkę awokado, rozdrobniony Monterey Jack Cheddar

Instrukcje:

1. W dużym garnku podgrzej komosę ryżową i 2 szklanki wody do wrzenia. Zmniejsz ciepło; rozsmarować i gotować przez 12-15 minut lub do zatrzymania wody. Wydal z ciepła; rozgnieść widelcem i odłożyć w bezpieczne miejsce.

2. Następnie w dużym garnku przykrytym prysznicem do gotowania gotuj indyka, cebulę, paprykę i czosnek na średnim ogniu, aż mięso przestanie być różowe, a warzywa będą miękkie; kanał. Wymieszaj proszek z fasoli, kminek i cynamon; gotować przez kolejne 2 minuty.

Kiedy tylko chcesz, prezent z ozdobnymi dodatkami.

3. Dodać czarną fasolę, pomidory, cukinię, papryczki chipotle, sos adobo, liść somu, oregano, sól, pieprz i pozostałą wodę.

Ogrzać do wrzenia. Zmniejsz ciepło; rozsmarować i smażyć przez 30 minuty. Wmieszaj kukurydzę i komosę ryżową; przegrzać. Odrzuć wąski arkusz; wymieszać z kolendrą. Prezent z dowolnymi mocowaniami zgodnie z życzeniem.

4. Zamrażanie alternatywne: Zamroź schłodzony gulasz w chłodniejszych komorach.

Aby użyć, rozmrażaj niecałkowicie w lodówce w średnim okresie. Podgrzać na patelni, od czasu do czasu mieszając; dodaj soki lub wodę, jeśli jest to niezbędne.

Makaron z dyni i czosnku Porcje: 4

Czas gotowania: 15 minut

Składniki:

Aby przygotować sos

¼ szklanki mleka kokosowego

6 dużych dat

2/3 g wiórków kokosowych

6 ząbków czosnku

2 łyżki pasty imbirowej

2 łyżki czerwonej pasty curry

do przygotowania makaronu

1 duży makaron z cukinii

½ marchewki pokrojonej w julienne

½ cukinii pokrojonej w julienne

1 mała czerwona papryka

¼ szklanki orzechów nerkowca

Instrukcje:

1. Aby zrobić sos, wymieszaj wszystkie składniki i zrób gęste puree.

2. Przetnij spaghetti squash wzdłuż i zrób makaron.

3. Delikatnie posmaruj blachę do pieczenia olejem i piecz makaron dyniowy w temperaturze 40°C przez 5-6 minut.

4. Aby podać, połącz makaron i puree w misce. Lub podawaj puree z makaronem.

Informacje żywieniowe:Kalorie 405 Węglowodany: 107 g Tłuszcz: 28 g Białko: 7 g

Pstrąg na parze z czerwoną fasolą i salsą paprykową Porcje: 1

Czas gotowania: 16 minut

Składniki:

4 ½ uncji pomidorów koktajlowych, przekrojonych na pół

1/4 nieobranego awokado

6 uncji filetu z pstrąga morskiego bez skóry

Liście kolendry do podania

2 łyżeczki oliwy z oliwek

Plasterki limonki, do podania

4 ½ uncji czerwonej fasoli w puszce, opłukanej i odsączonej 1/2 czerwonej cebuli, cienko pokrojonej

1 łyżka marynowanych papryczek jalapeno, odsączonych

1/2 łyżeczki mielonego kminku

4 sycylijskie oliwki/zielone oliwki

Instrukcje:

1. Umieść koszyk do gotowania na parze nad garnkiem z wrzącą wodą. Dodaj rybę do kosza i przykryj, gotuj przez 10-12 minut.

2. Wyjmij rybę i pozwól jej odpocząć przez kilka minut. W międzyczasie rozgrzej trochę oleju na patelni.

3. Dodaj marynowane papryczki jalapenos, czerwoną fasolę, oliwki, 1/2 łyżeczki kminku i pomidorki koktajlowe. Gotować około 4-5 minut, ciągle mieszając.

4. Umieść pastę z fasoli na półmisku, a następnie pstrąga.

Dodaj kolendrę i cebulę na wierzchu.

5. Podawaj z kawałkami cytryny i awokado. Ciesz się pstrągiem wędrownym gotowanym na parze z czerwoną fasolą i salsą chili!

Informacje żywieniowe:243 kalorie 33,2 g tłuszczu 18,8 g węglowodanów ogółem 44 g białka

Porcje zupy ze słodkich ziemniaków i indyka: 4

Czas gotowania: 45 minut

Składniki:

2 łyżki oliwy z oliwek

1 żółta cebula, posiekana

1 zielona papryka, posiekana

2 obrane i pokrojone w kostkę słodkie ziemniaki

1 funt piersi z indyka, bez skóry, bez kości i pokrojony w kostkę 1 łyżeczka kolendry, mielonej

Szczypta soli i czarnego pieprzu

1 łyżeczka słodkiej papryki

6 szklanek bulionu z kurczaka

1 sok z limonki

garść natki pietruszki, posiekanej

Instrukcje:

1. Rozgrzać patelnię z oliwą z oliwek na średnim ogniu, dodać cebulę, paprykę i batata, wymieszać i smażyć przez 5 minut.

2. Dodaj mięso i smaż przez kolejne 5 minut.

3. Dodaj pozostałe składniki, wymieszaj, zagotuj i gotuj na średnim ogniu przez kolejne 35 minut.

4. Nalej zupę do miseczek i podawaj.

<u>Informacje żywieniowe:</u>Kalorie 203, tłuszcz 5, błonnik 4, węglowodany 7, białko 8

Miso z grillowanym łososiem Porcje: 2

Czas gotowania: 20 minut

Składniki:

2 łyżki stołowe. syrop klonowy

2 cytryny

¼ szklanki miso

¼ łyżeczki pieprz, mielony

2 limonki

2 ½ funta Łosoś, ze skórą

szczypta pieprzu cayenne

2 łyżki stołowe. Oliwa z oliwek z pierwszego tłoczenia

¼ szklanki miso

Instrukcje:

1. Najpierw wymieszaj sok z cytryny i sok z limonki w małej misce, aż dobrze się połączą.

2. Następnie wymieszaj miso, pieprz cayenne, syrop klonowy, oliwę z oliwek i pieprz. Dopasuj dobrze.

3. Następnie ułóż łososia na blasze wyłożonej papierem do pieczenia skórą do dołu.

4. Obficie posmaruj łososia mieszanką cytrynowo-miso.

5. Teraz połóż połówki kawałków cytryny i limonki na bokach przecięciem do góry.

6. Na koniec piecz przez 8 do 12 minut, aż ryba się rozpadnie.

Informacje żywieniowe:Kalorie: 230KcalBiałka: 28,3gWęglowodany: 6,7gTłuszcz: 8,7g

Porcje prostego smażonego filetu w płatkach: 6

Czas gotowania: 8 minut

Składniki:

6 filetów z tilapii

2 łyżki oliwy z oliwek

1 kawałek cytryny, sok

Sól i pieprz do smaku

¼ szklanki posiekanej natki pietruszki lub kolendry

Instrukcje:

1. Podsmaż filety tilapia z oliwą z oliwek na średniej patelni na średnim ogniu. Smaż przez 4 minuty z każdej strony, aż ryba łatwo będzie się rozpadać widelcem.

2. Dodaj sól i pieprz do smaku. Każdy filet polać sokiem z cytryny.

3. Przed podaniem posyp ugotowane filety posiekaną natką pietruszki lub kolendrą.

Informacje żywieniowe:Kalorie: 249 kcal Tłuszcz: 8,3 g Białko: 18,6 g Węglowodany: 25,9

Błonnik: 1g

Wieprzowina Carnitas Porcje: 10

Czas gotowania: 8 godzin. 10 minut

Składniki:

5 funtów. łopatka wieprzowa

2 ząbki czosnku, posiekane

1 łyżeczka czarnego pieprzu

1/4 łyżeczki cynamonu

1 łyżeczka suszonego oregano

1 łyżeczka mielonego kminku

1 liść laurowy

2 cl rosołu z kurczaka

1 łyżka soku z limonki

1 łyżka chili w proszku

1 łyżka soli

Instrukcje:

1. Dodaj wieprzowinę wraz z resztą składników do wolnowaru.

2. Załóż pokrywkę i gotuj przez 8 godzin. na małym ogniu.

3. Gotową wieprzowinę rozdrobnić widelcem.

4. Rozłóż tę wyciągniętą wieprzowinę na blasze do pieczenia.

5. Grilluj przez 10 minut i podawaj.

Informacje żywieniowe: Kalorie 547 Tłuszcz 39 g, Węglowodany 2,6 g, Błonnik 0 g, Białko 43 g

Zupa Biała Ryba Z Warzywami

Porcje: 6 do 8

Czas gotowania: od 32 do 35 minut

Składniki:

3 słodkie ziemniaki, obrane i pokrojone na ½ cala kawałki 4 marchewki, obrane i pokrojone na ½ cala kawałki 3 szklanki pełnego mleka kokosowego

2 szklanki wody

1 łyżeczka suszonego tymianku

½ łyżeczki soli morskiej

10 ½ uncji (298 g) białej ryby, bez skóry i jędrnej, takiej jak dorsz lub halibut, pokrojonej na kawałki

Instrukcje:

1. Dodaj słodkie ziemniaki, marchewkę, mleko kokosowe, wodę, tymianek i sól morską do dużego garnka na dużym ogniu i zagotuj.

2. Zmniejsz ogień do małego, przykryj i gotuj przez 20 minut, aż warzywa będą miękkie, od czasu do czasu mieszając.

3. Wlej połowę zupy do blendera i zmiksuj, aż będzie dobrze wymieszana i gładka, a następnie włóż z powrotem do garnka.

4. Dodaj kawałki ryby i kontynuuj gotowanie przez kolejne 12 do 15 minut lub do momentu, aż ryba będzie gotowa.

5. Zdjąć z ognia i podawać w miseczkach.

Informacje żywieniowe:kalorie: 450; tłuszcz: 28,7 g; białko: 14,2g; węglowodany: 38,8 g; błonnik: 8,1 g; cukier: 6,7 g; sód: 250 mg

Cytrynowe Małże Porcje: 4

Składniki:

1 łyżka stołowa. oliwa z oliwek z pierwszego tłoczenia 2 ząbki czosnku, posiekane

2 funty. natarte małże

sok z cytryny

Instrukcje:

1. Do garnka wlej trochę wody, dodaj małże, zagotuj na średnim ogniu, gotuj przez 5 minut, wyrzuć zamknięte małże i przełóż je do miski.

2. W innej misce wymieszaj oliwę z czosnkiem i świeżo wyciśniętym sokiem z cytryny, dobrze wymieszaj i dodaj małże, wymieszaj i podawaj.

3. Ciesz się!

<u>Informacje żywieniowe:</u>Kalorie: 140, Tłuszcz: 4 g, Węglowodany: 8 g, Białko: 8 g, Cukry: 4 g, Sód: 600 mg,

Porcje łososia z cytryną i pieprzem: 2

Czas gotowania: 8 minut

Składniki:

1 kg łososia

1 łyżka soku z cytryny

½ łyżeczki pieprzu

½ łyżeczki chili w proszku

4 plasterki limonki

Instrukcje:

1. Podlej łososia sokiem z cytryny.

2. Posyp z obu stron pieprzem i chili w proszku.

3. Dodaj łososia do frytownicy.

4. Połóż plasterki cytryny na łososiu.

5. Smażyć na powietrzu w temperaturze 375 stopni F przez 8 minut.

Porcje makaronu z tuńczykiem z serem: 3-4

Składniki:

2c. Rukola

¼ c. posiekana zielona cebula

1 łyżka. ocet czerwony

5 uncji odsączony tuńczyk z puszki

¼ łyżeczki czarny pieprz

2 uncje. gotowany makaron pełnoziarnisty

1 łyżka stołowa. olej

1 łyżka stołowa. tarty chudy parmezan

Instrukcje:

1. Gotuj makaron w niesolonej wodzie, aż będzie gotowy. Biegaj i rezerwuj.

2. W dużej misce wymieszaj tuńczyka, szczypiorek, ocet, olej, rukolę, makaron i czarny pieprz.

3. Dobrze wymieszaj i przykryj serem.

4. Podawaj i ciesz się.

Informacje żywieniowe:Kalorie: 566,3, Tłuszcz: 42,4 g, Węglowodany: 18,6 g, Białko: 29,8 g, Cukry: 0,4 g, Sód: 688,6 mg

Paski rybne w panierce kokosowej Porcje: 4

Czas gotowania: 12 minut

Składniki:

marynowane

1 łyżka sosu sojowego

1 łyżeczka sproszkowanego imbiru

½ szklanki mleka kokosowego

2 łyżki syropu klonowego

½ szklanki soku ananasowego

2 łyżeczki ostrego sosu

Ryba

1 funt filetu z ryby, pokrojonego w paski

pieprz do smaku

1 szklanka bułki tartej

1 szklanka płatków kokosowych (niesłodzonych)

Spray do gotowania

Instrukcje:

1. Wymieszaj składniki marynaty w misce.

2. Zbierz paski rybne.

3. Przykryj i wstaw do lodówki na 2 godziny.

4. Rozgrzej frytkownicę do 375 stopni F.

5. W misce wymieszaj pieprz, bułkę tartą i wiórki kokosowe.

6. Zanurz paski rybne w bułce tartej.

7. Spryskaj kosz frytownicy olejem.

8. Dodaj paski rybne do koszyka frytkownicy.

9. Smażyć na powietrzu przez 6 minut z każdej strony.

Porcje meksykańskiej ryby: 2

Czas gotowania: 10 minut

Składniki:

4 filety rybne

2 łyżeczki meksykańskiego oregano

4 łyżeczki kminku

4 łyżeczki chili w proszku

pieprz do smaku

Spray do gotowania

Instrukcje:

1. Rozgrzej frytkownicę do 400 stopni F.

2. Spryskaj rybę olejem.

3. Dopraw rybę z obu stron przyprawami i pieprzem.

4. Umieść rybę w koszyku frytownicy.

5. Gotuj przez 5 minut.

6. Odwróć i gotuj przez kolejne 5 minut.

Pstrąg z Salsą Ogórkową Porcje: 4

Czas gotowania: 10 minut

Składniki:

Pietruszka:

1 ogórek angielski, pokrojony w kostkę

¼ szklanki niesłodzonego jogurtu kokosowego

2 łyżki posiekanej świeżej mięty

1 szalotka, biała i zielona część, posiekana

1 łyżeczka surowego miodu

Sól morska

Ryba:

4 (5 uncji) filety z pstrąga, suszone

1 łyżka oliwy z oliwek

Sól morska i świeżo zmielony czarny pieprz do smakuInstrukcje:

1. Przygotuj salsę: wymieszaj jogurt, ogórek, miętę, szczypiorek, miód i sól morską w małej misce, aż do całkowitego połączenia. Odłóż ją na bok.

2. Na czystym blacie lekko natrzyj filety z pstrąga solą morską i pieprzem.

3. Rozgrzej olej na dużej patelni na średnim ogniu. Dodaj filety z pstrąga na gorącą patelnię i smaż przez około 10 minut, obracając rybę w połowie lub do momentu, aż ryba będzie ugotowana zgodnie z twoimi upodobaniami.

4. Posyp rybę natką pietruszki i podawaj.

Informacje żywieniowe:kalorie: 328; tłuszcz: 16,2 g; białko: 38,9g; węglowodany: 6,1 g

; błonnik: 1,0 g; cukier: 3,2 g; sód: 477 mg

Porcje Shrimp Lemon Zoodles: 4

Czas gotowania: 0 minut

Składniki:

Sos:

½ szklanki zapakowanych świeżych liści bazylii

Sok z 1 cytryny (lub 3 łyżki stołowe)

1 łyżeczka posiekanego czosnku z butelki

Posiekaj sól morską

Posiekaj świeżo zmielony czarny pieprz

¼ szklanki pełnego mleka kokosowego z puszki

1 duża żółta cukinia, pokrojona w słupki lub spirali 1 duża żółta cukinia, pokrojona w słupki lub spirali

1 funt (454 g) krewetek, oczyszczonych, ugotowanych, obranych i schłodzonych Skórka z 1 cytryny (opcjonalnie)

Instrukcje:

1. Przygotuj sos: Zmiksuj liście bazylii, sok z cytryny, czosnek, sól morską i pieprz w robocie kuchennym, aż zostaną drobno posiekane.

2. Powoli wlewaj mleko kokosowe, gdy robot wciąż pracuje. Pulsuj, aż będzie gładkie.

3. Przenieś sos do dużej miski razem z żółtą dynią i cukinią. Strzelaj dobrze.

4. Posyp makaron krewetkami i skórką z cytryny (w razie potrzeby). Natychmiast podawaj.

Informacje żywieniowe:kalorie: 246; tłuszcz: 13,1 g; białko: 28,2 g; węglowodany: 4,9 g

; błonnik: 2,0 g; cukier: 2,8 g; sód: 139 mg

Porcje chrupiących krewetek: 4

Czas gotowania: 3 minuty

Składniki:

1 funt krewetek, obranych i oczyszczonych

½ szklanki mieszanki do panierowania ryb

Spray do gotowania

Instrukcje:

1. Rozgrzej frytkownicę do 390 stopni F.

2. Spryskaj krewetki olejem.

3. Przykryć panierką.

4. Spryskaj kosz frytownicy olejem.

5. Dodaj krewetki do koszyka frytkownicy.

6. Gotuj przez 3 minuty.

Porcje grillowanego okonia morskiego: 2

Składniki:

2 posiekane ząbki czosnku

Pieprz.

1 łyżka stołowa. sok cytrynowy

2 filety z białego okonia morskiego

¼ łyżeczki ziołowa mieszanka przypraw

Instrukcje:

1. Nasmaruj naczynie żaroodporne odrobiną oleju i ułóż filety.

2. Filety skropić sokiem z cytryny, czosnkiem i przyprawami.

3. Grilluj przez około 10 minut lub do momentu, aż ryba będzie złocistobrązowa.

4. W razie potrzeby podawaj z podsmażonym szpinakiem.

Informacje żywieniowe:Kalorie: 169, Tłuszcz: 9,3 g, Węglowodany: 0,34 g, Białko: 15,3

g, cukry: 0,2 g, sód: 323 mg

Porcje ciast z łososiem: 4

Czas gotowania: 10 minut

Składniki:

Spray do gotowania

1 funt filet z łososia, płatki

¼ szklanki mąki migdałowej

2 łyżeczki przyprawy Old Bay

1 zielona cebula, posiekana

Instrukcje:

1. Rozgrzej frytkownicę do 390 stopni F.

2. Spryskaj kosz frytownicy olejem.

3. W misce wymieszaj pozostałe składniki.

4. Z powstałej masy uformować kotlety.

5. Spryskaj olejem obie strony burgerów.

6. Smażyć na powietrzu przez 8 minut.

Pikantne porcje dorsza: 4

Składniki:

2 łyżki stołowe. posiekana świeża pietruszka

2 funty. filety z dorsza

2c. salsa o niskiej zawartości sodu

1 łyżka stołowa. olej bez smaku

Instrukcje:

1. Rozgrzej piekarnik do 350°F.

2. W dużej, głębokiej brytfannie skropić dno olejem.

Filety z dorsza ułożyć na talerzu. Rybę posypać natką pietruszki. Przykryć folią aluminiową na 20 minut. Zdjąć folię na ostatnie 10 minut pieczenia.

3. Piec w piekarniku przez 20 – 30 minut, aż ryba będzie chrupiąca.

4. Podawaj z białym lub brązowym ryżem. Udekoruj pietruszką.

Informacje żywieniowe:Kalorie: 110, Tłuszcz: 11 g, Węglowodany: 83 g, Białko: 16,5 g, Cukry: 0 g, Sód: 122 mg

Porcje pasty z wędzonego pstrąga: 2

Składniki:

2 łyżeczki świeży sok z cytryny

½ w. niskotłuszczowy twarożek

1 łodyga selera, pokrojona w kostkę

¼ funta filet z wędzonego pstrąga bez skóry,

½ łyżeczki sos Worcestershire

1 łyżeczka. sos pieprzowy

¼ c. grubo posiekana czerwona cebula

Instrukcje:

1. Połącz pstrąga, twaróg, czerwoną cebulę, sok z cytryny, ostry sos i sos Worcestershire w blenderze lub robocie kuchennym.

2. Zmiksuj, aż będzie gładkie, w razie potrzeby zatrzymując się, aby zeskrobać boki miski.

3. Złóż pokrojony w kostkę seler.

4. Przechowywać w szczelnym pojemniku w lodówce.

Informacje żywieniowe:Kalorie: 57, Tłuszcz: 4 g, Węglowodany: 1 g, Białko: 4 g, Cukry: 0 g, Sód: 660 mg

Porcje tuńczyka i szczypiorku: 4

Składniki:

½ w. bulion z kurczaka o niskiej zawartości sodu

1 łyżka stołowa. olej

4 filety z tuńczyka bez kości i skóry

2 posiekane szalotki

1 łyżeczka. papryka

2 łyżki stołowe. Lemoniada

¼ łyżeczki czarny pieprz

Instrukcje:

1. Rozgrzej patelnię z olejem na średnim ogniu, dodaj szalotki i smaż przez 3 minuty.

2. Dodaj rybę i smaż przez 4 minuty z każdej strony.

3. Dodać pozostałe składniki, gotować jeszcze 3 minuty, rozłożyć na talerzach i podawać.

Informacje żywieniowe:Kalorie: 4040, Tłuszcz: 34,6 g, Węglowodany: 3 g, Białko: 21,4 g, Cukry: 0,5 g, Sód: 1000 mg

Porcje krewetek z cytryną i pieprzem: 2

Czas gotowania: 10 minut

Składniki:

1 łyżka soku z cytryny

1 łyżka oliwy z oliwek

1 łyżeczka pieprzu cytrynowego

¼ łyżeczki czosnku w proszku

¼ łyżeczki papryki

12 uncji. krewetki, obrane i oczyszczone

Instrukcje:

1. Rozgrzej frytkownicę do 400 stopni F.

2. Wymieszaj sok z cytryny, oliwę z oliwek, pieprz cytrynowy, czosnek w proszku i paprykę w misce.

3. Dodaj krewetki i równomiernie przykryj mieszanką.

4. Dodaj do frytownicy.

5. Gotuj przez 8 minut.

Porcje gorącego steku z tuńczyka: 6

Składniki:

2 łyżki stołowe. świeży sok z cytryny

Pieprz.

Majonez z pieczonej pomarańczy

¼ c. cały czarny pieprz

6 pokrojonych steków z tuńczyka

2 łyżki stołowe. Oliwa z oliwek z pierwszego tłoczenia

sól

Instrukcje:

1. Umieść tuńczyka w misce, aby się zmieścił. Dodaj olej, sok z cytryny, sól i pieprz. Obróć tuńczyka, aby dobrze obtoczył się w marynacie. Odpocznij od 15 do 20

minut, obracając raz.

2. Umieść ziarna pieprzu w plastikowej torbie o podwójnej grubości. Ubij ziarna pieprzu ciężką patelnią lub małym młotkiem, aby je grubo zmiażdżyć. Ułożyć na dużym talerzu.

3. Kiedy będziesz gotowy do ugotowania tuńczyka, zanurz brzegi w pokruszonych ziarnach pieprzu. Rozgrzej nieprzywierającą patelnię na średnim ogniu. Grilluj steki z tuńczyka, w razie potrzeby partiami, przez 4 minuty z każdej strony w przypadku ryb średnio krwistych, dodając w razie potrzeby 2 do 3 łyżek marynaty na patelnię, aby zapobiec przywieraniu.

4. Podawać z majonezem czosnkowym i pieczoną pomarańczą<u>Informacje żywieniowe:</u>Kalorie: 124, Tłuszcz: 0,4 g, Węglowodany: 0,6 g, Białko: 28 g, Cukry: 0 g, Sód: 77 mg

Porcje łososia cajun: 2

Czas gotowania: 10 minut

Składniki:

2 filety z łososia

Spray do gotowania

1 łyżka przyprawy Cajun

1 łyżka miodu

Instrukcje:

1. Rozgrzej frytkownicę do 390 stopni F.

2. Spryskaj obie strony ryby olejem.

3. Posyp przyprawą Cajun.

4. Spryskaj kosz frytownicy olejem.

5. Dodaj łososia do koszyka frytkownicy.

6. Smażyć na powietrzu przez 10 minut.

Quinoa Miska Łososia Z Warzywami

Porcje: 4

Czas gotowania: 0 minut

Składniki:

1 funt (454 g) gotowanego łososia, pokrojonego w plastry

4 szklanki ugotowanej komosy ryżowej

6 cienko pokrojonych rzodkiewek

1 cukinia pokrojona w półksiężyce

3 szklanki rukoli

3 szczypiorek, posiekany

½ szklanki oleju migdałowego

1 łyżeczka niesłodzonego ostrego sosu

1 łyżka octu jabłkowego

1 łyżeczka soli morskiej

½ szklanki prażonych migdałów, do dekoracji (opcjonalnie)Instrukcje:

1. W dużej misce połącz płatki łososia, ugotowaną komosę ryżową, rzodkiewkę, cukinię, rukolę i szczypiorek i dobrze wymieszaj.

2. Dodaj olej migdałowy, ostry sos, ocet jabłkowy i sól morską i wymieszaj.

3. Podziel mieszaninę na cztery miski. W razie potrzeby posyp każdą miskę równomiernie posiekanymi migdałami do dekoracji. Natychmiast podawaj.

Informacje żywieniowe:kalorie: 769; tłuszcz: 51,6 g; białko: 37,2g; węglowodany: 44,8 g; błonnik: 8,0 g; cukier: 4,0g; sód: 681 mg

Porcje mielonej ryby: 4

Czas gotowania: 15 minut

Składniki:

¼ szklanki oliwy z oliwek

1 szklanka suchej bułki tartej

4 filety z białej ryby

pieprz do smaku

Instrukcje:

1. Rozgrzej frytkownicę do 350 stopni F.

2. Posyp rybę pieprzem z obu stron.

3. Wymieszaj olej i bułkę tartą w misce.

4. Zanurz rybę w mieszance.

5. Dociśnij bułkę tartą, aby się przykleiła.

6. Włóż rybę do frytownicy.

7. Gotuj przez 15 minut.

Porcje prostych kotlecików z łososia: 4

Czas gotowania: od 8 do 10 minut

Składniki:

1 funt (454 g) posiekanych filetów z łososia bez skóry ¼ szklanki posiekanej słodkiej cebuli

½ szklanki mąki migdałowej

2 ząbki czosnku, posiekane

2 jajka, ubite

1 łyżeczka musztardy Dijon

1 łyżka świeżo wyciśniętego soku z cytryny

Dash w płatkach czerwonej papryki

½ łyżeczki soli morskiej

¼ łyżeczki świeżo zmielonego czarnego pieprzu

1 łyżka oleju z awokado

Instrukcje:

1. Połącz posiekanego łososia, słodką cebulę, mąkę migdałową, czosnek, ubite jajka, musztardę, sok z cytryny, płatki czerwonej papryki, sól morską i pieprz w dużej misce i mieszaj, aż dobrze się połączą.

2. Pozostaw mieszankę z łososiem na 5 minut.

3. Nabierz mieszankę z łososia i uformuj ręcznie cztery kotlety o grubości ½ cala.

4. Rozgrzej olej z awokado na dużej patelni na średnim ogniu. Umieść placki na gorącej patelni i smaż z każdej strony przez 4 do 5 minut, aż lekko się zrumienią i ugotują.

5. Zdejmij z ognia i podawaj na talerzu.

Informacje żywieniowe:kalorie: 248; tłuszcz: 13,4 g; białko: 28,4g; węglowodany: 4,1 g

; błonnik: 2,0 g; cukier: 2,0 g; sód: 443 mg

Porcje popcornu z krewetkami: 4

Czas gotowania: 10 minut

Składniki:

½ łyżeczki cebuli w proszku

½ łyżeczki czosnku w proszku

½ łyżeczki papryki

¼ łyżeczki mielonej musztardy

⅛ łyżeczki suszonej szałwii

⅛ łyżeczki mielonego tymianku

⅛ łyżeczki suszonego oregano

⅛ łyżeczki suszonej bazylii

pieprz do smaku

3 łyżki skrobi kukurydzianej

1 funt krewetek, obranych i oczyszczonych

Spray do gotowania

Instrukcje:

1. Wymieszaj wszystkie składniki oprócz krewetek w misce.

2. Przykryj krewetki mieszanką.

3. Spryskaj kosz frytownicy olejem.

4. Rozgrzej frytkownicę do 390 stopni F.

5. Dodaj krewetki do środka.

6. Smażyć na powietrzu przez 4 minuty.

7. Potrząśnij koszykiem.

8. Gotuj przez kolejne 5 minut.

Pikantna pieczona ryba Porcje: 5

Składniki:

1 łyżka stołowa. olej

1 łyżeczka. przyprawa bez soli

1 kg filetu z łososia

Instrukcje:

1. Rozgrzej piekarnik do 350F.

2. Podlej rybę oliwą z oliwek i przyprawami.

3. Piecz przez 15 minut bez przykrycia.

4. Pokrój i podawaj.

<u>Informacje żywieniowe:</u>Kalorie: 192, Tłuszcz: 11 g, Węglowodany: 14,9 g, Białko: 33,1 g, Cukry: 0,3 g, Sód: 505 6 mg

Porcje tuńczyka z papryką: 4

Składniki:

½ łyżeczki Chilli

2 łyżeczki papryka

¼ łyżeczki czarny pieprz

2 łyżki stołowe. olej

4 steki z tuńczyka bez kości

Instrukcje:

1. Rozgrzej patelnię z olejem na średnim ogniu, włóż steki z tuńczyka, dopraw papryką, czarnym pieprzem i chili w proszku, smaż po 5 minut z każdej strony, przełóż na talerze i podawaj z sałatką.

Informacje żywieniowe: Kalorie: 455, Tłuszcz: 20,6 g, Węglowodany: 0,8 g, Białko: 63,8

g, cukry: 7,4 g, sód: 411 mg

Porcje kotlecików rybnych: 2

Czas gotowania: 7 minut

Składniki:

8 uncji filet z białej ryby

czosnek w proszku do smaku

1 łyżeczka soku z cytryny

Instrukcje:

1. Rozgrzej frytkownicę do 390 stopni F.

2. Wymieszaj wszystkie składniki.

3. Z powstałej masy uformować kotleciki.

4. Umieść kotlety rybne we frytkownicy.

5. Gotuj przez 7 minut.

Przegrzebki smażone w miodzie Porcje: 4

Czas gotowania: 15 minut

Składniki:

1 funt (454 g) dużych przegrzebków, umytych i wysuszonych soli morskiej Dash

Drob świeżo zmielony czarny pieprz

2 łyżki oleju z awokado

¼ szklanki surowego miodu

3 łyżki aminokwasów kokosowych

1 łyżka octu jabłkowego

2 ząbki czosnku, posiekane

Instrukcje:

1. W misce dodaj przegrzebki, sól morską i pieprz i dobrze wymieszaj.

2. Na dużej patelni rozgrzej olej z awokado na średnim ogniu.

3. Smaż przegrzebki przez 2 do 3 minut z każdej strony lub do momentu, aż przegrzebki staną się mlecznobiałe lub nieprzejrzyste i jędrne.

4. Zdejmij przegrzebki z ognia na talerz i przykryj luźno folią, aby się nie rozgrzały. Odłóż ją na bok.

5. Dodaj miód, aminokwasy kokosowe, ocet i czosnek na patelnię i dobrze wymieszaj.

6. Doprowadzić do wrzenia i gotować przez około 7 minut, aż płyn się zredukuje, od czasu do czasu mieszając.

7. Przełóż smażone przegrzebki z powrotem na patelnię, mieszając, aby pokryły się glazurą.

8. Podziel przegrzebki na cztery talerze i podawaj gorące.

Informacje żywieniowe:kalorie: 382; tłuszcz: 18,9 g; białko: 21,2 g; węglowodany: 26,1 g; błonnik: 1,0 g; cukier: 17,7 g; sód: 496 mg

Filet z dorsza z grzybami shiitake Porcje: 4

Czas gotowania: 15 do 18 minut

Składniki:

1 ząbek czosnku, posiekany

1 por, cienko pokrojony

1 łyżeczka posiekanego świeżego korzenia imbiru

1 łyżka oliwy z oliwek

½ szklanki wytrawnego białego wina

½ szklanki pokrojonych grzybów shiitake

4 (6 uncji / 170 g) filetów z dorsza

1 łyżeczka soli morskiej

⅛ łyżeczki świeżo zmielonego czarnego pieprzu

Instrukcje:

1. Rozgrzej piekarnik do 375ºF (190ºC).

2. Połącz czosnek, pory, korzeń imbiru, wino, olej i grzyby w naczyniu do pieczenia i mieszaj, aż grzyby równomiernie się pokryją.

3. Piec w nagrzanym piekarniku przez 10 minut do lekkiego zarumienienia.

4. Wyjmij blachę do pieczenia z piekarnika. Rozłóż filety z dorsza na wierzchu i dopraw solą morską i pieprzem.

5. Przykryj folią i ponownie włóż do piekarnika. Pieczemy od 5 do 8 minut lub do momentu, aż ryba będzie miękka.

6. Zdejmij folię i pozostaw do ostygnięcia na 5 minut przed podaniem.

Informacje żywieniowe:kalorie: 166; tłuszcz: 6,9 g; białko: 21,2 g; węglowodany: 4,8 g; błonnik: 1,0 g; cukier: 1,0 g; sód: 857 mg

Porcje grillowanego białego okonia morskiego:

2

Składniki:

1 łyżeczka. siekany czosnek

zmielony czarny pieprz

1 łyżka stołowa. sok cytrynowy

8 uncji filety z okonia białego

¼ łyżeczki niesolona ziołowa mieszanka przypraw

Instrukcje:

1. Rozgrzej kurczaka i umieść ruszt w odległości 4 cali od źródła ciepła.

2. Lekko spryskaj blachę do pieczenia sprayem do gotowania. Umieść filety w brytfannie. Filety skropić sokiem z cytryny, czosnkiem, przyprawą ziołową i pieprzem.

3. Grilluj, aż ryba będzie całkowicie nieprzezroczysta podczas testowania czubkiem noża, około 8 do 10 minut.

4. Podawaj natychmiast.

Informacje żywieniowe:Kalorie: 114, Tłuszcz: 2 g, Węglowodany: 2 g, Białko: 21 g, Cukry: 0,5 g, Sód: 78 mg

Porcje morszczuka z pieczonym pomidorem: 4-5

Składniki:

½ w. Sos pomidorowy

1 łyżka stołowa. olej

Pietruszka

2 pokrojone pomidory

½ w. startego sera

4 funty. bez kości i pokrojony morszczuk

Sól.

Instrukcje:

1. Rozgrzej piekarnik do 400 0F.

2. Dopraw rybę solą.

3. Na patelni lub patelni; smaż rybę na oliwie z oliwek do połowy ugotowanej.

4. Weź cztery folie aluminiowe, aby przykryć rybę.

5. Uformuj folię tak, aby wyglądała jak pojemniki; dodaj sos pomidorowy do każdego pojemnika foliowego.

6. Dodaj rybę, plastry pomidora i posyp tartym serem.

7. Piecz na złoty kolor, około 20-25 minut.

minuty.

8. Otwórz opakowania i posyp natką pietruszki.

Informacje żywieniowe:Kalorie: 265, Tłuszcz: 15 g, Węglowodany: 18 g, Białko: 22 g, Cukry: 0,5 g, Sód: 94,6 mg

Buraczki Zapieczętowane Plamiak Porcje: 4

Czas gotowania: 30 minut

Składniki:

8 buraków, obranych i pokrojonych w ósemki

2 szalotki, cienko pokrojone

2 łyżki octu jabłkowego

2 łyżki oliwy z oliwek, podzielone

1 łyżeczka posiekanego czosnku z butelki

1 łyżeczka posiekanego świeżego tymianku

Posiekaj sól morską

4 filety z plamiaka (5 uncji / 142 g), suszoneInstrukcje:

1. Rozgrzej piekarnik do 400ºF (205ºC).

2. Połącz buraki, szalotki, ocet, 1 łyżkę oliwy z oliwek, czosnek, tymianek i sól morską w średniej misce i dobrze wymieszaj.

Rozłóż mieszankę buraków na blasze do pieczenia.

3. Piec w nagrzanym piekarniku przez około 30 minut, obracając raz lub dwa razy szpatułką, aż buraki będą miękkie.

4. W międzyczasie podgrzej pozostałą 1 łyżkę oliwy z oliwek na dużej patelni na średnim ogniu.

5. Dodaj plamiaka i smaż z każdej strony przez 4 do 5 minut, aż miąższ stanie się nieprzejrzysty i łatwo się rozpadnie.

6. Przełóż rybę na talerz i podawaj z pieczonymi burakami.

Informacje żywieniowe:kalorie: 343; tłuszcz: 8,8 g; białko: 38,1 g; węglowodany: 20,9 g

; błonnik: 4,0g; cukier: 11,5g; sód: 540 mg

Szczere porcje topionego tuńczyka: 4

Składniki:

3 uncje rozdrobniony niskotłuszczowy ser cheddar

1/3 w. siekany seler

czarny pieprz i sól

¼ c. posiekana cebula

2 pełnoziarniste muffiny angielskie

6 oz. odsączony biały tuńczyk

¼ c. rosyjski niskotłuszczowy

Instrukcje:

1. Rozgrzej kurczaka. Połącz tuńczyka, seler, cebulę i sos sałatkowy.

2. Dopraw solą i pieprzem.

3. Podpiecz połówki angielskiej muffinki.

4. Ułóż otwartą stroną na blasze do pieczenia i na każdej z nich połóż 1/4 mieszanki tuńczyka.

5. Grilluj przez 2-3 minuty lub do całkowitego rozgrzania.

6. Posyp serem i wróć do grillowania, aż ser się roztopi, czyli około 1 minuty dłużej.

Informacje żywieniowe:Kalorie: 320, Tłuszcz: 16,7 g, Węglowodany: 17,1 g, Białko: 25,7

g, cukry: 5,85 g, sód: 832 mg

Łosoś z limonką i limonką kaffir Porcje: 8

Składniki:

1 łodyga trawy cytrynowej, poćwiartowana i rozgnieciona

2 podarte liście limonki kaffir

1 cytryna w cienkich plasterkach

1 ½ c. świeże liście kolendry

1 cały filet z łososia

Instrukcje:

1. Rozgrzej piekarnik do 350°F.

2. Przykryj blachę do pieczenia folią aluminiową tak, aby zachodziła na siebie bokami 3. Ułóż łososia na folii, udekoruj cytryną, liśćmi limonki, trawą cytrynową i 1 szklanką listków kolendry. Opcjonalnie: doprawić solą i pieprzem.

4. Przed złożeniem plomby przesuń dłuższy bok folii do środka.

Zawiń końce, aby zamknąć łososia.

5. Piec przez 30 minut.

6. Przełóż ugotowaną rybę na półmisek. Posyp świeżą kolendrą.

Podawać z białym lub brązowym ryżem.

<u>Informacje żywieniowe:</u>Kalorie: 103, Tłuszcz: 11,8 g, Węglowodany: 43,5 g, Białko: 18 g, Cukry: 0,7 g, Sód: 322 mg

Delikatny łosoś z sosem musztardowym Porcje: 2

Składniki:

5 łyżek. posiekany koperek

2/3 w. krem

Pieprz.

2 łyżki stołowe. musztarda Dijon

1 łyżeczka. czosnek w proszku

5 uncji filety z łososia

2-3 łyżki. Sok cytrynowy

Instrukcje:

1. Wymieszaj śmietanę, musztardę, sok z cytryny i koperek.

2. Filety doprawiamy pieprzem i czosnkiem w proszku.

3. Ułóż łososia na blasze skórą do dołu i polej przygotowanym sosem musztardowym.

4. Piec przez 20 minut w temperaturze 390°F.

Informacje żywieniowe:Kalorie: 318, Tłuszcz: 12 g, Węglowodany: 8 g, Białko: 40,9 g, Cukry: 909,4 g, Sód: 1,4 mg

Porcje sałatki krabowej: 4

Składniki:

2c. mięso kraba

1 w. pomidorki koktajlowe przekrojone na pół

1 łyżka stołowa. olej

czarny pieprz

1 posiekana szalotka

1/3 w. posiekana kolendra

1 łyżka stołowa. sok cytrynowy

Instrukcje:

1. W misce wymieszaj kraba z pomidorami i innymi składnikami, wymieszaj i podawaj.

Informacje żywieniowe:Kalorie: 54, Tłuszcz: 3,9 g, Węglowodany: 2,6 g, Białko: 2,3 g, Cukry: 2,3 g, Sód: 462,5 mg

Pieczony Łosoś Z Sosem Miso Porcje: 4

Czas gotowania: 15 do 20 minut

Składniki:

Sos:

¼ szklanki cydru jabłkowego

¼ szklanki białego miso

1 łyżka oliwy z oliwek

1 łyżka białego octu ryżowego

⅛ łyżeczki sproszkowanego imbiru

4 (85 do 113 g) filety z łososia bez kości 1 szalotka pokrojona w plastry do dekoracji

⅛ łyżeczki płatków czerwonej papryki, do dekoracji

Instrukcje:

1. Rozgrzej piekarnik do 375ºF (190ºC).

2. Przygotuj sos: W małej misce wymieszaj jabłkowy cydr, białe miso, oliwę z oliwek, ocet ryżowy i imbir. Dodaj trochę wody, jeśli chcesz uzyskać rzadszą konsystencję.

3. Ułóż filety z łososia na blasze do pieczenia, skórą do dołu. Tak przygotowanym sosem polać filety, aby równomiernie się pokryły.

4. Piec w nagrzanym piekarniku przez 15 do 20 minut lub do momentu, aż ryba będzie się łatwo rozpadać widelcem.

5. Udekoruj pokrojonym szczypiorkiem i płatkami czerwonej papryki i podawaj.

Informacje żywieniowe:kalorie: 466; tłuszcz: 18,4 g; białko: 67,5g; węglowodany: 9,1 g

; błonnik: 1,0 g; cukier: 2,7g; sód: 819 mg

Pieczony dorsz z ziołami i miodem Porcje: 2

Składniki:

6 łyżek stołowych Nadzienie o smaku ziołowym

8 uncji filety z dorsza

2 łyżki stołowe. Droga

Instrukcje:

1. Rozgrzej piekarnik do 375 OF.

2. Lekko spryskaj blachę do pieczenia sprayem do gotowania.

3. Nadzienie ziołowe włożyć do woreczka i zakleić. Zmiażdż nadzienie, aż się zrumieni.

4. Posmaruj rybę miodem i wylej pozostały miód.

Dodaj filet do worka z farszem i delikatnie potrząśnij, aby całkowicie pokryć rybę.

5. Przenieś dorsza na blachę do pieczenia i powtórz proces dla drugiej ryby.

6. Zawiń filety w folię aluminiową i piecz około 10 minut, aż będą twarde i nieprzezroczyste (testując czubkiem ostrza noża).

7. Podawaj gorące.

Informacje żywieniowe: Kalorie: 185, Tłuszcz: 1 g, Węglowodany: 23 g, Białko: 21 g, Cukry: 2 g, Sód: 144,3 mg

Mix Dorsza z Parmezanem Porcje: 4

Składniki:

1 łyżka stołowa. sok cytrynowy

½ w. posiekana zielona cebula

4 filety z dorsza bez kości

3 posiekane ząbki czosnku

1 łyżka stołowa. olej

½ w. tarty parmezan

Instrukcje:

1. Rozgrzej patelnię z oliwą z oliwek na średnim ogniu, dodaj czosnek i szczypiorek, wymieszaj i smaż przez 5 minut.

2. Dodaj rybę i smaż przez 4 minuty z każdej strony.

3. Dodaj sok z cytryny, posyp parmezanem, gotuj przez kolejne 2 minuty, rozłóż na talerzach i podawaj.

Informacje żywieniowe:Kalorie: 275, Tłuszcz: 22,1 g, Węglowodany: 18,2 g, Białko: 12 g, Cukry: 0,34 g, Sód: 285,4 mg

Porcje chrupiących krewetek czosnkowych: 4

Czas gotowania: 10 minut

Składniki:

1 funt krewetek, obranych i oczyszczonych

2 łyżeczki czosnku w proszku

pieprz do smaku

¼ szklanki mąki

Spray do gotowania

Instrukcje:

1. Dopraw krewetki czosnkiem w proszku i pieprzem.

2. Obtoczyć w mące.

3. Spryskaj kosz frytownicy olejem.

4. Dodaj krewetki do koszyka frytkownicy.

5. Gotuj w temperaturze 400 stopni F przez 10 minut, mieszając raz w połowie.

Kremowa mieszanka okonia morskiego Porcje: 4

Składniki:

1 łyżka stołowa. Posiekana pietruszka

2 łyżki stołowe. olej z awokado

1 w. Krem kokosowy

1 łyżka stołowa. Lemoniada

1 posiekana żółta cebula

¼ łyżeczki czarny pieprz

4 filety z okonia morskiego bez kości

Instrukcje:

1. Rozgrzej patelnię z oliwą z oliwek na średnim ogniu, dodaj cebulę, wymieszaj i smaż przez 2 minuty.

2. Dodaj rybę i smaż przez 4 minuty z każdej strony.

3. Dodać pozostałe składniki, gotować jeszcze 4 minuty, rozłożyć na talerzach i podawać.

Informacje żywieniowe: Kalorie: 283, Tłuszcz: 12,3 g, Węglowodany: 12,5 g, Białko: 8 g, Cukry: 6 g, Sód: 508,8 mg

Ogórek Ahi Poke Porcje: 4

Czas gotowania: 0 minut

Składniki:

Ahi Poke:

1 funt (454 g) tuńczyka sushi ahi, pokrojonego w 1-calową kostkę 3 łyżki aminokwasów kokosowych

3 dymki, cienko pokrojone

1 papryka serrano, pozbawiona nasion i posiekana (opcjonalnie) 1 łyżeczka oliwy z oliwek

1 łyżeczka octu ryżowego

1 łyżeczka prażonego sezamu

szczypta mielonego imbiru

1 duże awokado, pokrojone w kostkę

1 ogórek, pokrojony w plastry o grubości ½ calaInstrukcje:

1. Przygotuj poke ahi: w dużej misce wymieszaj kostki tuńczyka ahi z aminokwasami kokosa, szalotką, pieprzem serrano (w razie potrzeby), oliwą z oliwek, octem, sezamem i imbirem.

2. Przykryj miskę folią i marynuj w lodówce przez 15 minuty.

3. Dodaj pokrojone w kostkę awokado do miski ahi poke i wymieszaj.

4. Ułóż plasterki ogórka na talerzu do serwowania. Łyżką ahi nakłuć ogórek i podawać.

Informacje żywieniowe:kalorie: 213; tłuszcz: 15,1 g; białko: 10,1 g; węglowodany: 10,8 g; błonnik: 4,0g; cukier: 0,6 g; sód: 70 mg

Porcje Mieszanego Dorsza z Miętą: 4

Składniki:

4 filety z dorsza bez kości

½ w. bulion z kurczaka o niskiej zawartości sodu

2 łyżki stołowe. olej

¼ łyżeczki czarny pieprz

1 łyżka stołowa. siekana mięta

1 łyżeczka. skórki z cytryny

¼ c. posiekana cebula

1 łyżka stołowa. sok cytrynowy

Instrukcje:

1. Rozgrzej patelnię z olejem na średnim ogniu, dodaj szalotki, wymieszaj i smaż przez 5 minut.

2. Dodaj dorsza, sok z cytryny i pozostałe składniki, zagotuj i gotuj na średnim ogniu przez 12 minut.

3. Podziel wszystko na talerze i podawaj.

Informacje żywieniowe:Kalorie: 160, Tłuszcz: 8,1 g, Węglowodany: 2 g, Białko: 20,5 g, Cukry: 8 g, Sód: 45 mg

Porcje tilapii z cytryną i kremem: 4

Składniki:

2 łyżki stołowe. posiekana świeża kolendra

¼ c. niskotłuszczowy majonez

Świeżo mielony czarny pieprz

¼ c. świeży sok z cytryny

4 filety z tilapii

½ w. tarty parmezan

½ łyżeczki czosnek w proszku

Instrukcje:

1. W misce wymieszaj wszystkie składniki oprócz filetów z tilapii i kolendry.

2. Równomiernie posmarować filety mieszanką majonezu.

3. Filety ułożyć na dużej folii. Owiń filety folią aluminiową, aby je uszczelnić.

4. Ułóż opakowanie z folii aluminiowej na dnie dużego garnka.

5. Ustaw wolnowar na małym ogniu.

6. Przykryj i gotuj przez 3-4 godziny.

7. Podawaj z kolendrą.

Informacje żywieniowe:Kalorie: 133,6, Tłuszcz: 2,4 g, Węglowodany: 4,6 g, Białko: 22 g, Cukry: 0,9 g, Sód: 510,4 mg

Porcje rybnych tacos: 4

Czas gotowania: 20 minut

Składniki:

Spray do gotowania

1 łyżka oliwy z oliwek

4 szklanki kapusty

1 łyżka octu jabłkowego

1 łyżka soku z cytryny

pieprz cayenne

pieprz do smaku

2 łyżki mieszanki przypraw do taco

¼ szklanki mąki pszennej

1 kg fileta z dorsza, pokrojonego w kostkę

4 tortille kukurydziane

Instrukcje:

1. Rozgrzej frytkownicę do 400 stopni F.

2. Spryskaj kosz frytownicy olejem.

3. W misce połącz oliwę z oliwek, sałatkę coleslaw, ocet, sok z cytryny, pieprz cayenne i pieprz.

4. W innej misce wymieszaj przyprawę do taco z mąką.

5. Posmaruj kostki rybne mieszanką przypraw do taco.

6. Dodaj je do koszyka frytownicy.

7. Smażyć na powietrzu przez 10 minut, mieszając w połowie.

8. Przykryj tortille kukurydziane mieszanką ryb i sałatki colesław i zwiń.

Imbirowa Bass Mix Porcje: 4

Składniki:

4 filety z okonia morskiego bez kości

2 łyżki stołowe. olej

1 łyżeczka. tarty imbir

1 łyżka stołowa. posiekana kolendra

czarny pieprz

1 łyżka stołowa. ocet balsamiczny

Instrukcje:

1. Rozgrzej patelnię z oliwą z oliwek na średnim ogniu, włóż rybę i smaż przez 5 minut z każdej strony.

2. Dodać pozostałe składniki, gotować jeszcze 5 minut, rozłożyć wszystko na talerzach i podawać.

Informacje żywieniowe:Kalorie: 267, Tłuszcz: 11,2 g, Węglowodany: 1,5 g, Białko: 23 g, Cukry: 0,78 g, Sód: 321,2 mg

Porcje krewetek kokosowych: 4

Czas gotowania: 6 minut

Składniki:

2 jajka

1 szklanka niesłodzonego suszonego kokosa

¼ szklanki mąki kokosowej

¼ łyżeczki papryki

odrobina pieprzu cayenne

½ łyżeczki soli morskiej

Drob świeżo zmielony czarny pieprz

¼ szklanki oleju kokosowego

1 funt (454 g) surowych krewetek, obranych, oczyszczonych i wysuszonych<u>Instrukcje:</u>

1. Ubij jajka w małej, płytkiej misce, aż się spienią. Odłóż ją na bok.

2. W osobnej misce połącz kokos, mąkę kokosową, paprykę, pieprz cayenne, sól morską i czarny pieprz i mieszaj, aż składniki się dobrze połączą.

3. Zanurz krewetki w ubitych jajkach, a następnie zanurz krewetki w mieszance kokosowej. Strząśnij nadmiar.

4. Rozgrzej olej kokosowy na dużej patelni na średnim ogniu.

5. Dodaj krewetki i gotuj przez 3 do 6 minut, od czasu do czasu mieszając, aż miąższ będzie całkowicie różowy i nieprzejrzysty.

6. Przenieś ugotowane krewetki na talerz wyłożony ręcznikiem papierowym, aby odsączyć. Podawaj gorące.

Informacje żywieniowe:kalorie: 278; tłuszcz: 1,9 g; białko: 19,2g; węglowodany: 5,8 g; błonnik: 3,1 g; cukier: 2,3 g; sód: 556 mg

Porcje Wieprzowiny Z Dynią Gałką Muszkatołową: 4

Czas gotowania: 35 minut

Składniki:

1 funt gotowanej wieprzowiny, pokrojonej w kostkę

1 cukinia, obrana i pokrojona w kostkę

1 żółta cebula, posiekana

2 łyżki oliwy z oliwek

2 ząbki czosnku, posiekane

½ łyżeczki garam masali

½ łyżeczki gałki muszkatołowej, mielonej

1 łyżeczka płatków chili, pokruszonych

1 łyżka octu balsamicznego

Szczypta soli morskiej i czarnego pieprzu

Instrukcje:

1. Rozgrzej patelnię z oliwą z oliwek na średnim ogniu, dodaj cebulę i czosnek i smaż przez 5 minut.

2. Dodaj mięso i smaż przez kolejne 5 minut.

3. Dodać pozostałe składniki, wymieszać, gotować na średnim ogniu przez 25 minut, rozłożyć na talerze i podawać.

<u>Informacje żywieniowe:</u>kalorie 348, tłuszcz 18,2, błonnik 2,1, węglowodany 11,4, białko 34,3

Suflet Cheddar i Szczypiorek Porcje: 8

Czas gotowania: 25 minut

Składniki:

½ szklanki mąki migdałowej

¼ szklanki posiekanego szczypiorku

1 łyżka soli

½ łyżeczki gumy ksantanowej

1 łyżeczka mielonej musztardy

¼ łyżeczki pieprzu cayenne

½ łyżeczki mielonego czarnego pieprzu

¾ szklanki kwaśnej śmietany

2 szklanki startego sera cheddar

½ szklanki proszku do pieczenia

6 ekologicznych jaj, oddzielone

Instrukcje:

1. Włącz piekarnik, ustaw temperaturę na 350°F i rozgrzej go.

2. Weź średnią miskę, dodaj mąkę, dodaj pozostałe składniki oprócz drożdży i jajek i ubijaj do połączenia.

3. Oddziel żółtka i białka do dwóch misek, dodaj żółtka do mąki i ubijaj do połączenia.

4. Dodaj proszek do pieczenia do białek jaj i ubij mikserem elektrycznym, aż utworzą się sztywne szczyty, a następnie dodaj białka do mieszanki mąki, aż dobrze się połączą.

5. Podzielić ciasto równo na osiem kokilek i piec przez 25 minut, aż się zetnie.

6. Podawaj natychmiast lub przechowuj w lodówce do czasu spożycia.

<u>Informacje żywieniowe:</u>Kalorie 288, Tłuszcz ogółem 21 g, Węglowodany ogółem 3 g, Białko 14 g

Gryczane naleśniki z mlekiem migdałowym i wanilią Porcje: 1

Składniki:

½ w. niesłodzone mleko migdałowe waniliowe

2-4 opakowania naturalnego słodzika

1/8 łyżeczki sól

½ szklanki mąki gryczanej

½ łyżeczki proszek do pieczenia o podwójnym działaniu

Instrukcje:

1. Przygotuj nieprzywierającą patelnię do naleśników i spryskaj ją sprayem do gotowania, umieść na średnim ogniu.

2. Wymieszaj mąkę gryczaną, sól, proszek do pieczenia i stewię w małej misce, a następnie dodaj mleko migdałowe.

3. Na patelnię włożyć dużą łyżkę ciasta, smażyć, aż na powierzchni przestaną pojawiać się bąbelki, a cała powierzchnia będzie wyglądać na suchą i (2-4 minuty). Odwróć i smaż przez kolejne 2-4 minuty. Powtórz z całym pozostałym ciastem.

Informacje żywieniowe:Kalorie: 240, Tłuszcz: 4,5 g, Węglowodany: 2 g, Białko: 11 g, Cukry: 17 g, Sód: 67 mg

Filiżanki ze szpinakiem i jajkiem Feta Porcje: 3

Czas gotowania: 25 minut

Składniki:

Duże Jajka – 6

Czarny pieprz, mielony – 0,125 łyżeczki

Proszek cebulowy – 0,25 łyżeczki

Czosnek w proszku – 0,25 łyżeczki

Ser Feta – 0,33 szklanki

szpinak baby – 1,5 szklanki

Sól morska – 0,25 łyżeczki

Instrukcje:

1. Rozgrzej piekarnik do 350 stopni Fahrenheita, umieść ruszt na środku piekarnika i natłuść foremkę na muffiny.

2. Rozłóż szpinak i ser feta na dnie 12 foremek na muffiny.

3. W misce ubij razem jajka, sól morską, czosnek w proszku, cebulę w proszku i czarny pieprz, aż białko jajka całkowicie rozpadnie się na żółtko. Wlej jajko do szpinaku i sera do foremek na muffinki, wypełniając je w

trzech czwartych. Umieść blachę do pieczenia w piekarniku, aż jajka będą całkowicie ugotowane, około osiemnastu do dwudziestu minut.

4. Wyjmij szpinak i fetę z piekarnika i podawaj na ciepło lub pozwól jajom całkowicie ostygnąć do temperatury pokojowej przed schłodzeniem.

Porcje Śniadaniowej Frittaty: 2

Czas gotowania: 20 minut

Składniki:

1 posiekana cebula

2 łyżki czerwonej papryki, posiekanej

¼ funta śniadanie Kiełbasa z indyka, ugotowana i pokruszona 3 jajka, ubite

pieprz cayenne

Instrukcje:

1. Wymieszaj wszystkie składniki w misce.

2. Wlej do małego naczynia do pieczenia.

3. Włóż brytfannę do kosza frytownicy.

4. Gotuj w urządzeniu Airfryer przez 20 minut.

Burrito z kurczaka z komosy ryżowej Porcje: 6

Czas gotowania: 5 godzin

Składniki:

1 funt uda z kurczaka (bez skóry, bez kości)

1 szklanka bulionu z kurczaka

1 może mieć pokrojone w kostkę pomidory (14,5 uncji)

1 posiekana cebula)

3 ząbki czosnku (posiekane)

2 łyżeczki chili w proszku

½ łyżeczki kolendry

½ łyżeczki czosnku w proszku

1 papryka (drobno posiekana)

15 uncji fasoli pinto (odsączonej)

1 ½ szklanki sera cheddar (startego)

Instrukcje:

1. Połącz kurczaka, pomidory, bulion, cebulę, czosnek, chili w proszku, czosnek w proszku, kolendrę i sól. Umieść patelnię na małym ogniu.

2. Wyjmij kurczaka i rozdrobnij go widelcem i nożem.

3. Włóż kurczaka z powrotem do wolnowaru i dodaj komosę ryżową i fasolę.

4. Postaw patelnię na małym ogniu na 2 godziny.

5. Dodaj ser na wierzchu i kontynuuj gotowanie i delikatnie mieszaj, aż ser się rozpuści.

6. Serwuj.

Informacje żywieniowe: Kalorie 144 mg Tłuszcz ogółem: 39 g Węglowodany: 68 g Białko: 59 g Cukier: 8 g Błonnik: 17 g Sód: 756 mg Cholesterol: 144 mg

Tosty Avo Z Jajkiem Porcje: 3

Czas gotowania: 0 minut

Składniki:

1 ½ łyżeczki ghee

1 kromka chleba, bezglutenowego i tostowego

½ awokado, cienko pokrojone

garść szpinaku

1 jajecznica lub jajko w koszulce

Szczypta płatków czerwonej papryki

Instrukcje:

1. Rozsmaruj ghee na opiekanym chlebie. Na wierzchu ułóż plastry awokado i liście szpinaku. Na wierzchu ułożyć jajecznicę lub jajko w koszulce. Dekorację wykończ szczyptą płatków czerwonej papryki.

Informacje żywieniowe: Kalorie 540 Tłuszcz: 18 g Białko: 27 g Sód: 25 mg Węglowodany ogółem: 73,5 g Błonnik pokarmowy: 6 g

Porcje płatków owsianych migdałowych: 2

Czas gotowania: 0 minut

Składniki:

1 szklanka staroświeckich płatków owsianych

½ szklanki mleka kokosowego

1 łyżka syropu klonowego

¼ szklanki jagód

3 łyżki posiekanych migdałów

Instrukcje:

1. W misce wymieszaj płatki owsiane z mlekiem kokosowym, syropem klonowym i migdałami. Przykryj i pozostaw na noc. Podawać następnego dnia.

2. Ciesz się!

Informacje żywieniowe:Kalorie 255, tłuszcz 9, błonnik 6, węglowodany 39, białko 7

Naleśniki Choco-nana Porcje: 2

Czas gotowania: 6 minut

Składniki:

2 duże banany, obrane i rozgniecione

2 duże jajka, odchowane na pastwisku

3 łyżki kakao w proszku

2 łyżki masła migdałowego

1 łyżeczka czystego ekstraktu waniliowego

1/8 łyżeczki soli

Olej kokosowy do posmarowania

Instrukcje:

1. Rozgrzej patelnię na średnim ogniu i posmaruj ją olejem kokosowym.

2. Umieść wszystkie składniki w robocie kuchennym i zmiksuj na gładko.

3. Wlej trochę ciasta (około ¼ szklanki) na patelnię i uformuj naleśnik.

4. Smaż przez 3 minuty z każdej strony.

Informacje żywieniowe:Kalorie 303 Tłuszcz ogółem 17 g Tłuszcze nasycone 4 g Węglowodany ogółem 36 g Węglowodany netto 29 g Białko 5 g Cukier: 15 g Błonnik: 5 g Sód: 108 mg Potas 549 mg

Porcje batonów owsianych ze słodkich ziemniaków: 6

Czas gotowania: 35 minut

Składniki:

Słodkie ziemniaki, gotowane, puree – 1 szklanka

Mleko migdałowe, niesłodzone – 0,75 szklanki

Jajko - 1

Pasta daktylowa – 1,5 łyżki

Ekstrakt waniliowy – 1,5 łyżeczki

Soda oczyszczona – 1 łyżeczka

Mielony cynamon – 1 łyżeczka

Goździki, mielone – 0,25 łyżeczki

Gałka muszkatołowa mielona – 0,5 łyżeczki

Mielony imbir – 0,5 łyżeczki

Siemię lniane mielone – 2 łyżki

Białko w proszku – 1 porcja

Mąka kokosowa – 0,25 szklanki

Mąka owsiana – 1 szklanka

Suchy niesłodzony kokos – 0,25 szklanki

Posiekane orzechy pekan – 0,25 szklanki

Instrukcje:

1. Rozgrzej piekarnik do 375 stopni Fahrenheita i wyłóż pergaminem kwadratowe naczynie do pieczenia o wymiarach osiem na osiem cali. Chcesz zostawić trochę papieru pergaminowego zwisającego z boków patelni, aby uniósł się, gdy batoniki skończą się piec.

2. W blenderze dodaj wszystkie składniki płatków owsianych i słodkich ziemniaków oprócz suszonego kokosa i posiekanych orzechów włoskich.

Pozwól mieszance pulsować przez kilka chwil, aż będzie gładka, a następnie wyłącz blender. Może być konieczne zeskrobanie boków blendera, a następnie ponowne zmiksowanie.

3. Do ciasta wlać kokos i orzechy i wymieszać szpatułką. Nie mieszaj ponownie mieszanki, ponieważ nie chcesz, aby te kawałki się połączyły. Wlej batonik owsiany i mieszankę słodkich ziemniaków do przygotowanej formy i rozprowadź.

4. Umieść batonik owsiany na środku piekarnika i piecz, aż batoniki się zetną, około dwudziestu dwóch

dwadzieścia pięć minut. Wyjmij blachę do pieczenia z piekarnika. Umieść drucianą kratkę chłodzącą obok blachy do pieczenia, a następnie delikatnie przeciągnij pergamin kuchenny przez krawędź i ostrożnie podnieś go z blachy do pieczenia i umieść na ruszcie do ostygnięcia. Przed pokrojeniem pozwól batonikom z płatków owsianych i słodkich ziemniaków całkowicie ostygnąć.

Łatwe porcje placków ziemniaczanych: 3

Czas gotowania: 35 minut

Składniki:

Rozdrobnione placki ziemniaczane, mrożone – 1 funt

Jaja - 2

Sól morska - 0,5 łyżeczki

Czosnek w proszku – 0,5 łyżeczki

proszek cebulowy - 0,5 łyżeczki

Czarny pieprz, mielony – 0,125 łyżeczki

Oliwa z oliwek extra vergine – 1 łyżka

Instrukcje:

1. Zacznij od podgrzania gofrownicy.

2. W misce wymieszaj jajka, aby je rozbić, a następnie dodaj pozostałe składniki. Złóż je wszystkie razem, aż ziemniak będzie równomiernie pokryty jajkiem i przyprawami.

3. Nasmaruj gofrownicę i rozsmaruj na niej jedną trzecią mieszanki cebuli. Zamknij pokrywkę i pozwól ziemniakom gotować się w środku na złoty

kolor, około 12 do 15 minut. Po ostygnięciu delikatnie usuń cebulkę za pomocą widelca i kontynuuj gotowanie kolejnej jednej trzeciej mieszanki, a następnie ostatniej trzeciej.

4. Ugotowane frytki możesz przechowywać w lodówce, a następnie podgrzać je w gofrownicy lub piekarniku, aby później znów były chrupiące.

Frittata z pieczarkami i szparagami Porcje: 1

Czas gotowania:

Składniki:

Jaja - 2

Łodygi szparagów – 5

Woda – 1 łyżka

Oliwa z oliwek extra vergine – 1 łyżka

Pieczarki pokrojone w plasterki – 3

sól morska - szczypta

Posiekana zielona cebula – 1

Ser kozi półmiękki – 2 łyżki

Instrukcje:

1. Podczas przygotowywania frittaty rozgrzej piekarnik do ustawienia brojlerów. Przygotuj warzywa, odrzucając twarde końce szparagów, a następnie pokrój je na małe kawałki.

2. Natłuść od siedmiu do ośmiu cali żaroodporną patelnię i umieść ją na średnim ogniu. Dodaj grzyby i smaż przez dwie minuty, po czym dodaj

szparagi i gotuj przez kolejne dwie minuty. Po zakończeniu smażenia równomiernie rozłóż warzywa na dnie patelni.

3. W małej misce połącz jajka, wodę i sól morską i zalej smażone warzywa. Frittatę posyp posiekaną zieloną cebulą i pokruszonym kozim serem.

4. Pozwól, aby patelnia nadal gotowała się na kuchence w ten sposób bez przeszkód, aż jajecznica we frittacie zacznie osadzać się na brzegach i odchodzić od ścianek patelni. Ostrożnie podnieś patelnię i obracaj ją delikatnymi ruchami okrężnymi, aby jajko równomiernie się ugotowało.

5. Przenieś frittatę do piekarnika i gotuj pod bojlerem, aż jajko będzie całkowicie ugotowane, czyli kolejne dwie do trzech minut. Uważaj na jajko do frittaty, aby się nie rozgotowało. Zaraz po upieczeniu wyjmij frittatę z piekarnika, przełóż frittatę na talerz i ciesz się, póki jest gorąca.

Zapiekanka z tostami francuskimi w powolnej kuchence Porcje: 9

Czas gotowania: 4 godziny

Składniki:

2 jajka

2 białka jaj

1 ½ mleka migdałowego lub 1% mleka

2 łyżki surowego miodu

1/2 łyżeczki cynamonu

1 łyżeczka ekstraktu waniliowego

9 kromek chleba

Wypełnić:

3 szklanki jabłek (pokrojonych)

2 łyżki surowego miodu

1 łyżka soku z cytryny

1/2 łyżeczki cynamonu

1/3 szklanki orzechów włoskich

Instrukcje:

1. Umieść pierwsze sześć produktów w misce i wymieszaj.

2. Nasmaruj powolną kuchenkę sprayem nieprzywierającym.

3. Wymieszaj wszystkie składniki nadzienia w małej misce i odłóż na bok. Dokładnie przykryj kawałki jabłka nadzieniem.

4. Kromki chleba przekrój na pół (trójkąt), następnie ułóż trzy plasterki jabłka na spodzie i trochę opiłku na wierzchu. Umieść kromki chleba i nadzienie w ten sam wzór.

5. Masę jajeczną ułożyć na warstwach chleba i farszu.

6. Umieść patelnię na dużym ogniu przez 2 1/2 godziny lub na małym ogniu przez 4 godziny.

Informacje żywieniowe:Kalorie 227 Tłuszcz ogółem: 7 g Węglowodany: 34 g Białko: 9 g Cukier: 19 g Błonnik: 4 g Sód: 187 mg

Porcje Kiełbaski z Indyka Z Tymiankiem I Szałwią: 4

Czas gotowania: 25 minut

Składniki:

1 funt mielonego indyka

½ łyżeczki cynamonu

½ łyżeczki czosnku w proszku

1 łyżeczka świeżego rozmarynu

1 łyżeczka świeżego tymianku

1 łyżeczka soli morskiej

2 łyżeczki świeżej szałwii

2 łyżki oleju kokosowego

Instrukcje:

1. Wymieszaj wszystkie składniki oprócz oleju w misce.

Wstawić do lodówki na noc lub na 30 minut.

2. Wlej olej do mieszanki. Z powstałej masy uformować cztery placki.

3. Na lekko natłuszczonej patelni na średnim ogniu smaż kotlety po 5 minut z każdej strony, aż środkowa część nie będzie już różowa. Można je również upiec w piekarniku przez 25

minuty w temperaturze 400°F.

Informacje żywieniowe:Kalorie 284 Tłuszcz: 9,4 g Białko: 14,2 g Sód: 290 mg Węglowodany ogółem: 36,9 g Błonnik pokarmowy: 0,7 g

Koktajl Szpinakowo-Wiśniowy Porcje: 1

Czas gotowania: 0 minut

Składniki:

1 szklanka zwykłego kefiru

1 szklanka mrożonych wiśni bez pestek

½ szklanki liści szpinaku baby

¼ szklanki rozgniecionego dojrzałego awokado

1 łyżka masła migdałowego

1 kawałek obranego imbiru (1/2 cala)

1 łyżeczka nasion chia

Instrukcje:

1. Umieść wszystkie składniki w blenderze. Pulsuj, aż będzie gładkie.

2. Przed podaniem schłodź w lodówce.

<u>Informacje żywieniowe:</u>Kalorie 410 Tłuszcz ogółem 20 g Węglowodany ogółem 47 g Węglowodany netto 37 g Białko 17 g Cukier 33 g Błonnik: 10 g Sód: 169 mg

Porcje ziemniaków na śniadanie: 2

Czas gotowania: 15 minut

Składniki:

5 ziemniaków pokrojonych w kostkę

1 łyżka oleju

½ łyżeczki czosnku w proszku

¼ łyżeczki pieprzu

½ łyżeczki wędzonej papryki

Instrukcje:

1. Rozgrzej frytkownicę do 400 stopni F przez 5 minut.

2. Podawaj ziemniaki w oliwie z oliwek.

3. Dopraw czosnkiem w proszku, pieprzem i papryką.

4. Dodaj ziemniaki do koszyka frytkownicy.

5. Gotuj w urządzeniu Airfryer przez 15 minut.

Błyskawiczne porcje płatków owsianych i bananów: 1

Składniki:

1 rozgnieciony dojrzały banan

½ w. woda

½ w. szybka owsianka

Instrukcje:

1. Odmierz płatki owsiane i wodę do miski przeznaczonej do użytku w kuchence mikrofalowej i wymieszaj, aby połączyć.

2. Umieść miskę w kuchence mikrofalowej i podgrzewaj na wysokim poziomie przez 2 minuty.

3. Wyjmij miskę z kuchenki mikrofalowej, dodaj puree bananowe i ciesz się.

Informacje żywieniowe:Kalorie: 243, Tłuszcz: 3 g, Węglowodany: 50 g, Białko: 6 g, Cukry: 20 g, Sód: 30 mg

Bananowo-migdałowe smoothie Porcje: 1

Składniki:

1 łyżka stołowa. masło migdałowe

½ w. kostki lodu

½ w. pakowany szpinak

1 średni banan, obrany i zamrożony

1 w. mleko beztłuszczowe

Instrukcje:

1. W blenderze o dużej mocy zmiksuj wszystkie składniki, aż będą gładkie i kremowe.

2. Podawaj i ciesz się.

<u>Informacje żywieniowe:</u>Kalorie: 293, Tłuszcz: 9,8 g, Węglowodany: 42,5 g, Białko: 13,5

g, cukry: 12 g, sód: 111 mg

Niepieczone czekoladowe batony energetyczne z chia Porcje: 14

Czas gotowania: 0 minut

Składniki:

1 ½ szklanki daktyli bez pestek

1/szklanka niesłodzonych wiórków kokosowych

1 szklanka surowych kawałków orzecha włoskiego

1/4 szklanki (35 g) naturalnego kakao w proszku

1/2 szklanki (75 g) całych nasion chia

1/2 szklanki (70 g) posiekanej gorzkiej czekolady

1/2 szklanki (50 g) płatków owsianych

1 łyżeczka czystego ekstraktu waniliowego, opcjonalnie, poprawia smak 1/4 łyżeczki nierafinowanej soli morskiej

Instrukcje:

1. Zmiksuj daktyle w blenderze, aż powstanie gęsta pasta.

2. Dodaj orzechy włoskie i wymieszaj, aby połączyć.

3. Nałożyć resztę fiksacji i mieszać do uzyskania gęstego ciasta.

4. Prostokątną blachę do pieczenia wyłożyć papierem do pieczenia. Umieść mieszankę mocno na patelni i umieść ją we wszystkich rogach.

5. Zamrażaj do północy, przynajmniej na kilka godzin.

6. Wyjąć z formy i pokroić na 14 pasków.

7. Umieść w lodówce lub w szczelnym pojemniku.

Informacje żywieniowe:Cukier 17 g Tłuszcz: 12 g Kalorie: 234 Węglowodany: 28 g Białko: 4,5 g

Owocowa miska śniadaniowa z siemienia lnianego Porcje: 1

Czas gotowania: 5 minut

Składniki:

Na owsiankę:

¼ szklanki siemienia lnianego, świeżo zmielonego

¼ łyżeczki cynamonu w proszku

1 szklanka mleka migdałowego lub kokosowego

1 średni banan, rozgnieciony

Szczypta drobnoziarnistej soli morskiej

Nadzienia:

Borówki, świeże lub rozmrożone

Orzechy włoskie, posiekane na surowo

Czysty syrop klonowy (opcjonalnie)

Instrukcje:

1. W średnim rondlu na średnim ogniu połącz wszystkie składniki owsianki. Stale mieszaj przez 5 minut lub do momentu, aż owsianka zgęstnieje i zagotuje się.

2. Przenieś ugotowaną owsiankę do miski. Udekoruj dodatkami i skrop odrobiną syropu klonowego, jeśli chcesz, aby było trochę słodsze.

Informacje żywieniowe:Kalorie 780 Tłuszcz: 26 g Białko: 39 g Sód: 270 mg Węglowodany ogółem: 117,5 g

Płatki śniadaniowe w powolnej kuchence

Porcje: 8

Składniki:

4c. mleko migdałowe

2 opakowania stewii

2c. owies cięty na stal

1/3 w. posiekane suszone morele

4c. woda

1/3 w. suszone wiśnie

1 łyżeczka. cynamon

1/3 w. rodzynki

Instrukcje:

1. W wolnej kuchence dobrze wymieszaj wszystkie składniki.

2. Zakryj i wyreguluj w dół.

3. Gotuj przez 8 godzin.

4. Możesz to zrobić poprzedniej nocy, aby rano mieć gotowe śniadanie.

<u>Informacje żywieniowe:</u>Kalorie: 158,5, Tłuszcz: 2,9 g, Węglowodany: 28,3 g, Białko: 4,8

g, cukry: 11 g, sód: 135 mg

Porcje Chleba Dyniowego: 12

Czas gotowania: 2 godziny, 30 minut

Składniki:

Mąka dyniowa - 3 szklanki

Mąka pełnoziarnista – 1 szklanka

Mąka kukurydziana – 0,5 szklanki

Kakao w proszku – 1 łyżka

Aktywne odwodnione drożdże – 1 łyżka stołowa

Nasiona kminku – 2 łyżeczki

Sól morska – 1,5 łyżeczki

Woda, ciepła – 1,5 szklanki, podzielona

Pasta daktylowa – 0,25 szklanki, podzielona

Olej z awokado – 1 łyżka

Puree ze słodkich ziemniaków – 1 szklanka

Mycie jajek – 1 białko + 1 łyżka wody

Instrukcje:

1. Przygotuj formę do pieczenia chleba o wymiarach 20 x 12 cm, wykładając ją papierem do pieczenia i lekko natłuszczając.

2. W rondlu połącz jedną szklankę wody z mąką kukurydzianą, aż będzie gorąca i gęsta, około pięciu minut. Pamiętaj, aby mieszać podczas podgrzewania, aby uniknąć grudek. Gdy zgęstnieje, zdejmij patelnię z ognia i wymieszaj pastę daktylową, kakao w proszku, nasiona kminku i olej z awokado. Odstaw patelnię na bok, aż zawartość ostygnie do letniej.

3. Dodaj pozostałe 1/2 szklanki ciepłej wody do dużej miski wraz z drożdżami, mieszając, aż drożdże się rozpuszczą. Pozostaw tę mieszankę na chleb żytni na około dziesięć minut, aż zakwitnie i utworzy spuchnięte bąbelki.

Najlepiej robić to w ciepłym miejscu.

4. Gdy drożdże zaczną rosnąć, dodaj ciepłą wodę z mąki kukurydzianej do naczynia żaroodpornego wraz z puree ze słodkich ziemniaków.

Gdy płyny i ziemniaki się połączą, dodaj mąkę pełnoziarnistą i żytnią. Zagniataj masę przez dziesięć minut, najlepiej mikserem ręcznym i końcówką do ciasta drożdżowego. Ciasto jest gotowe

gdy utworzy spójną, gładką kulę i odsuwa się od brzegów naczynia miksującego.

5. Zdejmij hak do wyrabiania ciasta i przykryj płytkę do mieszania plastikiem kuchennym lub czystym, wilgotnym ręcznikiem kuchennym. Naczynie z mieszanką kuchenną odstawić w ciepłe miejsce do wyrośnięcia, aż ciasto podwoi swoją objętość – na około godzinę.

6. Rozgrzej piekarnik do 375 stopni Fahrenheita w ramach przygotowań do chleba.

7. Z ciasta uformować wałek i włożyć do przygotowanej formy do pieczenia chleba. Wmieszaj ubite jajko, a następnie użyj pędzelka do ciasta, aby delikatnie posmarować nim wierzch przygotowanego chleba. W razie potrzeby użyj ostrego noża, aby naciąć chleb, aby uzyskać dekoracyjny wzór.

8. Umieść chleb na środku gorącego piekarnika i piecz, aż nabierze ładnego ciemnego koloru, a przy stukaniu wyda głuchy dźwięk - około godziny. Wyjmij chleb z pumpernikla z piekarnika i pozwól mu ostygnąć na patelni przez pięć minut, a następnie wyjmij chleb z pumpernikila z formy i przenieś chleb na metalową kratkę, aby kontynuować chłodzenie. Nie kroić chleba, dopóki nie będzie całkowicie zimny.

Kokosowo-malinowy budyń chia Porcje: 4

Czas gotowania: 0 minut

Składniki:

¼ szklanki nasion chia

½ łyżki stewii

1 szklanka mleka kokosowego, niesłodzonego, całego

2 łyżki migdałów

¼ szklanki malin

Instrukcje:

1. Weź dużą miskę, dodaj nasiona chia wraz ze stewią i mlekiem kokosowym, mieszaj do połączenia i wstaw do lodówki na noc, aż zgęstnieje.

2. Wyjmij budyń z lodówki, posyp migdałami i jagodami i natychmiast podawaj.

Informacje żywieniowe: Kalorie 158, tłuszcz ogółem 14,1 g, węglowodany ogółem 6,5 g, białko 2 g, cukier 3,6 g, sód 16 mg

Sałatka na weekendowe śniadanie Porcje: 4

Czas gotowania: 0 minut

Składniki:

Jajka, cztery na twardo

cytryna, jeden

Rukola, dziesięć filiżanek

Quinoa, 1 szklanka ugotowana i ostudzona

Oliwa z oliwek, dwie łyżki stołowe

Koper, posiekany, pół szklanki

Migdały, posiekane, jedna filiżanka

Awokado, duży cienki plasterek

Ogórek, posiekany, pół szklanki

Pomidor, duży pokroić w plasterki

Instrukcje:

1. Wymieszaj komosę, ogórek, pomidory i rukolę. Lekko wymieszaj te składniki z oliwą z oliwek, solą i pieprzem. Przełóż i ułóż jajko i awokado na wierzchu. Każdą sałatkę posyp migdałami i ziołami. Skropić sokiem z cytryny.

<u>Informacje żywieniowe:</u>Kalorie 336 Tłuszcz 7,7 grama Białko 12,3 grama Węglowodany 54,6 grama Cukier 5,5 grama Błonnik 5,2 grama

Pyszny tandetny wegetariański ryż z brokułami i kalafiorem

Porcje: 2

Czas gotowania: 7 minut

Składniki:

½ szklanki różyczek brokuła, ryż

1 ½ szklanki różyczek kalafiora, ryż

¼ łyżeczki czosnku w proszku

¼ łyżeczki soli

¼ łyżeczki mielonego czarnego pieprzu

1/8 łyżeczki mielonej gałki muszkatołowej

½ łyżki niesolonego masła

1/8 szklanki serka mascarpone

¼ szklanki rozdrobnionego ostrego sera cheddar

Instrukcje:

1. Weź średnią żaroodporną miskę, dodaj wszystkie składniki oprócz mascarpone i sera cheddar i mieszaj do połączenia.

2. Umieść miskę w kuchence mikrofalowej, ustaw moc kuchenki mikrofalowej na 5 minut, następnie dodaj ser i kontynuuj gotowanie przez 2 minuty.

3. Dodaj serek mascarpone do miski, mieszaj do uzyskania gładkiej i kremowej konsystencji i od razu podawaj.

<u>Informacje żywieniowe:</u>Kalorie 138, tłuszcz ogółem 9,8 g, węglowodany ogółem 6,6 g, białko 7,5 g, cukier 2,4 g, sód 442 mg

Porcje tostów śródziemnomorskich: 2

Składniki:

1 ½ łyżeczki niskotłuszczowy pokruszony ser feta

3 pokrojone greckie oliwki

¼ rozgniecionego awokado

1 kromka dobrego chleba pełnoziarnistego

1 łyżka stołowa. hummus z pieczonej czerwonej papryki

3 pokrojone pomidorki koktajlowe

1 pokrojone jajko na twardo

Instrukcje:

1. Najpierw podpiecz chleb i posyp ¼ rozgniecionego awokado i 1 łyżka humusu.

2. Dodaj pomidorki koktajlowe, oliwki, jajko na twardo i ser feta.

3. Do smaku doprawić solą i pieprzem.

Informacje żywieniowe:Kalorie: 333,7, Tłuszcz: 17 g, Węglowodany: 33,3 g, Białko: 16,3

g, Cukry: 1 g, Sód: 700 mg

Porcje sałatki śniadaniowej ze słodkich ziemniaków: 2

Czas gotowania: 0 minut

Składniki:

1 miarka odżywki białkowej

¼ szklanki jagód

¼ szklanki malin

1 banan, obrany

1 ugotowany słodki ziemniak, obrany i pokrojony w kostkę

Instrukcje:

1. Umieść ziemniaka w misce i rozgnieć widelcem. Dodaj banana i białko w proszku i dobrze wymieszaj. Dodaj truskawki, wymieszaj i podawaj na zimno.

2. Ciesz się!

Informacje żywieniowe: Kalorie 181, Tłuszcz 1, Błonnik 6, Węglowodany 8, Białko 11

Porcje fałszywych kubków śniadaniowych Hash Brown: 8

Składniki:

40 g pokrojonej w kostkę cebuli

8 dużych jaj

7 ½ g czosnku w proszku

2 ½ g pieprzu

170 g startego niskotłuszczowego sera

170 g startego słodkiego ziemniaka

2 ½ g soli

Instrukcje:

1. Rozgrzej piekarnik do 400 0F i przygotuj formę na muffiny z wkładkami.

2. Umieść startego słodkiego ziemniaka, cebulę, czosnek i przyprawy w misce i dobrze wymieszaj przed nałożeniem łyżki do każdej filiżanki. Dodaj duże jajko do każdej filiżanki i piecz przez 15 minut, aż jajka się zetną.

3. Podawaj świeże lub przechowuj.

Informacje żywieniowe:Kalorie: 143, Tłuszcz: 9,1 g, Węglowodany: 6 g, Białko: 9 g, Cukry: 0 g, Sód: 290 mg

Omlet ze szpinakiem i grzybami Porcje: 2

Składniki:

2 łyżki stołowe. Olej

2 całe jajka

3C. szpinak, świeży

Spray do gotowania

10 pokrojonych pieczarek baby Bella

8 łyżek. pokrojona czerwona cebula

4 białka jaj

2 uncje. kozi ser

Instrukcje:

1. Umieść patelnię na średnim ogniu i dodaj oliwkę.

2. Dodaj pokrojoną czerwoną cebulę na patelnię i mieszaj, aż będzie przezroczysta.

Następnie dodaj grzyby na patelnię i mieszaj dalej, aż lekko się zarumienią.

3. Dodaj szpinak i mieszaj, aż zwiędnie. Doprawiamy odrobiną pieprzu i soli. Zdjąć z ognia.

4. Spryskaj mały garnek sprayem do gotowania i umieść go na średnim ogniu.

5. Wbij 2 całe jajka do małej miski. Dodać 4 białka jaj i ubić do połączenia.

6. Wlej ubite jajka na małą patelnię i pozostaw mieszaninę na minutę.

7. Za pomocą szpatułki delikatnie obrysuj krawędzie patelni.

Podnieś patelnię i przechyl ją w dół i wokół w kółko, aby jajka na miękko dotarły do środka i usmażyły się do brzegów patelni.

8. Dodaj pokruszony kozi ser na jedną stronę omletu z mieszanką grzybową.

9. Następnie za pomocą szpatułki delikatnie zawiń drugą stronę omletu nad stroną z grzybami.

10. Gotuj przez trzydzieści sekund. Następnie przełóż omlet na talerz.

Informacje żywieniowe:Kalorie: 412, Tłuszcz: 29 g, Węglowodany: 18 g, Białko: 25 g, Cukry: 7 g, Sód: 1000 mg

Wrapy Sałatowe Z Kurczakiem I Warzywami

Porcje: 2

Czas gotowania: 15 minut

Składniki:

½ łyżki niesolonego masła

¼ mielonego kurczaka

1/8 szklanki cukinii, posiekanej

¼ zielonej papryki, pozbawionej nasion i posiekanej

1/8 szklanki żółtej dyni, posiekanej

¼ średniej cebuli, posiekanej

½ łyżeczki mielonego czosnku

Świeżo zmielony czarny pieprz do smaku

¼ łyżeczki curry w proszku

½ łyżki sosu sojowego

2 duże liście sałaty

½ szklanki tartego parmezanu

Instrukcje:

1. Weź patelnię, postaw ją na średnim ogniu, dodaj masło i kurczaka, pokrusz i smaż przez około 5 minut, aż kurczak przestanie być różowy.

2. Następnie dodaj cukinię, paprykę, dynię, cebulę i czosnek na patelnię, mieszaj, aż się zmieszają i gotuj przez 5 minut.

3. Następnie dopraw czarnym pieprzem i curry w proszku, skrop sosem sojowym, dobrze wymieszaj i gotuj dalej przez 5 minut, odstaw, aż będzie potrzebne.

4. Złóż wrapy, równomiernie rozłóż mieszankę kurczaka na wierzchu każdego liścia sałaty, posyp serem i podawaj.

5. Aby przygotować posiłki, umieść mieszankę drobiową w hermetycznym pojemniku i przechowuj w lodówce do dwóch dni.

6. Gdy będzie gotowy do jedzenia, ponownie podgrzej kurczaka w kuchence mikrofalowej, aż będzie gorący, dodaj go do liści sałaty i podawaj.

<u>Informacje żywieniowe:</u>Kalorie 71, tłuszcz ogółem 6,7 g, węglowodany ogółem 4,2 g, białko 4,8 g, cukier 30,5 g, sód 142 mg

Kremowo-cynamonowo-bananowa miska

Porcje: 1

Czas gotowania: 3 minuty

Składniki:

1 duży banan, dojrzały

¼ łyżeczki cynamonu w proszku

Szczypta celtyckiej soli morskiej

2 łyżki masła kokosowego, stopionego

Dodatki do wyboru: owoce, nasiona lub orzechy

Instrukcje:

1. Rozgnieć banana w misce. Dodaj cynamon i celtycką sól morską. Odłóż ją na bok.

2. Rozgrzej masło kokosowe na patelni na małym ogniu.

Wlej gorące masło do mieszanki bananowej.

3. Aby podać, udekoruj ulubionymi owocami, nasionami lub orzechami.

Informacje żywieniowe: Kalorie 564 Tłuszcz: 18,8 g Białko: 28,2 g Sód: 230 mg Węglowodany ogółem: 58,2 g Błonnik pokarmowy: 15,9 g

Dobra Kasza Z Żurawiną I Cynamonem Porcje: 2

Czas gotowania: 35 minut

Składniki:

1 szklanka ziaren (do wyboru amarantus, kasza gryczana lub komosa ryżowa) 2 ½ szklanki wody kokosowej lub mleka migdałowego

1 laska cynamonu

2 sztuki całych goździków

1 strąk anyżu gwiazdkowatego (opcjonalnie)

Świeże owoce: jabłka, jeżyny, żurawiny, gruszki lub persymony

Syrop klonowy (opcjonalnie)

Instrukcje:

1. Zagotuj w rondlu ziarna, wodę kokosową i przyprawy. Przykryj i zmniejsz ciepło do średnio-niskiego. Gotuj w 25 minut.

2. Przed podaniem odrzucić przyprawy i ułożyć na wierzchu plasterki owoców. W razie potrzeby skropić syropem klonowym.

Informacje żywieniowe:Kalorie 628 Tłuszcz: 20,9 g Białko: 31,4 g Sód: 96 mg

Węglowodany ogółem: 112,3 g Błonnik pokarmowy: 33,8 g

Omlet śniadaniowy Porcje: 2

Czas gotowania: 10 minut

Składniki:

2 jajka, ubite

1 łodyga zielonej cebuli, posiekana

½ szklanki pieczarek pokrojonych w plasterki

1 czerwona papryka, pokrojona w kostkę

1 łyżeczka przyprawy ziołowej

Instrukcje:

1. Ubij jajka w misce. Resztę składników wymieszać.

2. Wlej masę jajeczną do małego naczynia do pieczenia. Dodaj patelnię do koszyka frytownicy.

3. Gotuj w koszu frytkownicy w temperaturze 350 stopni F przez 10 minut.

Informacje żywieniowe:Kalorie 210 Węglowodany: 5 g Tłuszcz: 14 g Białko: 15 g

Pełnoziarnisty Chleb Kanapkowy Porcje: 12

Czas gotowania: 3 godziny, 20 minut

Składniki:

Mąka pełnoziarnista biała – 3,5 szklanki

Oliwa z oliwek extra virgin – 0,25 szklanki

Pasta daktylowa – 0,25 szklanki

Mleko do wyboru, ciepłe – 1125 filiżanek

Sól morska – 1,25 łyżeczki

Aktywne suche drożdże – 2,5 łyżeczki

Instrukcje:

1. Przygotuj formę do pieczenia chleba o wymiarach 20 x 12 cm, wykładając ją papierem do pieczenia i lekko natłuszczając.

2. W dużej kuchni ogniotrwałej wymieszaj wszystkie składniki szpatułką. Po połączeniu pozostaw zawartość na trzydzieści minut.

3. Zacznij wyrabiać ciasto, aż będzie gładkie, elastyczne i giętkie —

około siedmiu minut. Możesz to zrobić ręcznie, ale najprostszą metodą jest użycie miksera ręcznego i haka do ciasta.

4. Z zagniecionym ciastem w poprzednio używanym naczyniu do mieszania, przykryj naczynie plastikiem kuchennym lub czystym, wilgotnym ręcznikiem kuchennym w ciepłym miejscu do wyrośnięcia, aż podwoi swoją objętość, na około godzinę lub dwie.

5. Delikatnie zagnieść ciasto i uformować z niego ładną kłodę przed włożeniem do przygotowanej formy do pieczenia chleba. Przykryj patelnię wcześniej używaną folią lub ręcznikiem i pozostaw do wyrośnięcia w ciepłym miejscu, aż podwoi swoją objętość, na kolejną godzinę lub dwie.

6. Kiedy chleb jest prawie gotowy, rozgrzej piekarnik do 350 stopni Fahrenheita.

7. Usuń wierzch z wyrośniętego chleba i umieść chleb na środku gorącego piekarnika. Ostrożnie połóż folię aluminiową na chlebie, uważając, aby nie spuścić z niego powietrza, aby zapobiec zbyt szybkiemu brązowieniu. Niech chleb gotuje się w ten sposób przez trzydzieści pięć do czterdziestu minut przed zdjęciem folii i dalszym pieczeniem chleba przez dwadzieścia minut. Chleb jest gotowy, gdy nabierze pięknego złotego koloru i pukając w niego wydaje głuchy dźwięk.

8. Pozostaw chleb pełnoziarnisty do ostygnięcia w formie przez pięć minut, a następnie wyjmij go z metalowej kratki i przenieś na metalową podstawkę, aby dokończyć studzenie. Pozwól chlebowi całkowicie ostygnąć przed krojeniem.

Rozdrobnione Gyros z Kurczaka

Składniki:

2 średnie cebule, starte

6 ząbków czosnku, posiekanych

1 łyżeczka aromatu miętowego

1 łyżeczka suszonego oregano

1/2 łyżeczki mielonego ziela angielskiego

1/2 szklanki wody

1/2 szklanki soku z cytryny

1/4 szklanki octu z czerwonego wina

2 łyżki oliwy z oliwek

2 funty piersi z kurczaka bez kości i skóry

8 całych chlebków pita

Dowolne dodatki: Sos Tzatziki, Rozdrobniony Romaine i Plasterki Pomidorów, Ogórek i Cebula

Instrukcje:

1. W 3-qt. powolna kuchenka, skonsoliduj 9 mocowań początkowych; zawiera kurczaka. Gotuj bezpiecznie na niskim poziomie przez 3-4 godziny lub do momentu, aż kurczak będzie miękki (termometr powinien wskazywać 165°).

2. Zdejmij kurczaka z umiarkowanego ognia. Rozdrabnianie 2 widłami; wróć do powolnej kuchenki. Za pomocą szczypiec nałóż mieszankę z kurczaka na chlebki pita. Prezent z ozdobami.

Porcje zupy ze słodkich ziemniaków: 6

Czas gotowania: 15 minut

Składniki:

2 łyżki oliwy z oliwek

1 średnia cebula, posiekana

1 puszka zielonego pieprzu

1 łyżeczka mielonego kminku

1 łyżeczka mielonego imbiru

1 łyżeczka soli morskiej

4 szklanki słodkich ziemniaków, obranych i posiekanych 4 szklanki ekologicznego bulionu warzywnego o niskiej zawartości sodu 2 łyżki posiekanej świeżej kolendry

6 łyżek jogurtu greckiego

Instrukcje:

1. Rozgrzej oliwę z oliwek na średnim ogniu w dużym garnku. Dodać cebulę, dusić do miękkości. Dodaj zieloną paprykę i przyprawy i gotuj przez 2 minuty.

2. Dodaj bulion ze słodkich ziemniaków i warzyw i zagotuj.

3. Gotuj w 15 minut.

4. Dodaj posiekaną kolendrę.

5. Zmiksuj połowę zupy na gładką masę. Włóż z powrotem do garnka z pozostałą zupą.

6. W razie potrzeby dopraw dodatkową solą morską i udekoruj kleksem jogurtu greckiego.

Informacje żywieniowe:Węglowodany ogółem 33 g Błonnik pokarmowy: 5 g Białko: 6 g Tłuszcz ogółem: 5 g Kalorie: 192

Składniki na miskę burrito z komosy ryżowej:

1 formuła Cilantro Cytrynowy Quinoa

Na ciemną fasolę:

1 puszka ciemnej fasoli

1 łyżeczka mielonego kminku

1 łyżeczka suszonego oregano

sól dla smaku

Na pomidorki koktajlowe pico de gallo:

1 16-uncjowy suszony na słońcu pomidor wiśniowy lub winogronowy, pokrojony na ćwiartki 1/2 szklanki pokrojonej w kostkę czerwonej cebuli

1 łyżka posiekanej papryczki jalapeno (żeberka i nasiona usunięte, kiedy tylko chcesz)

1/2 szklanki posiekanej chrupiącej kolendry

2 łyżki soku z cytryny

sól dla smaku

Do mocowania:

pokrojone suszone jalapeno

1 awokado, pokrojone w kostkę

Instrukcje:

1. Przygotuj komosę ryżową z kolendrą cytrynową i trzymaj w cieple.

2. W małym rondelku połącz czarną fasolę i jej płyn z kminkiem i oregano na średnim ogniu. Okresowo mieszaj, aż fasola będzie gorąca. Próbuj i dodawaj sól, kiedy tylko chcesz.

3. Zbierz składniki na pomidorki cherry pico de gallo w misce i dobrze wymieszaj.

4. Aby ułożyć miseczki burrito w stos, podziel Cilantro Lime Quinoa na cztery talerze. Dodaj jedną czwartą ciemnej fasoli dla każdego. Na wierzchu połóż pomidorki koktajlowe pico de gallo, pokrojone w plasterki marynowane papryczki jalapeno i awokado.

Doceniać!

5. Uwaga:

6. Całość składników tych potraw można przygotować wcześniej i zgromadzić, gdy są gotowe do spożycia. Komosę ryżową i fasolę można podgrzać lub delektować się nimi w temperaturze pokojowej. Lubię robić segmenty w weekend, więc mogę cieszyć się Quinoa Burrito Bowls na lunch w ciągu tygodnia.

Brokuły z migdałami Porcje: 6

Czas gotowania: 5 minut

Składniki:

1 świeża czerwona papryka, pozbawiona nasion i posiekana 2 pęczki brokułów, przycięte

1 łyżka oliwy z oliwek extra virgin

2 ząbki czosnku, cienko pokrojone

1/4 szklanki surowych migdałów, grubo posiekanych

2 łyżeczki skórki z cytryny, drobno startej

4 anchois w oleju, posiekane

Trochę świeżego soku z cytryny

Instrukcje:

1. Rozgrzej trochę oleju na patelni. Dodaj 2 łyżeczki skórki z cytryny, odsączone anchois, drobno posiekaną paprykę i cienko pokrojone rękawiczki.

Gotuj przez około 30 sekund, ciągle mieszając.

2. Dodaj 1/4 szklanki grubo posiekanych migdałów i gotuj przez minutę.

Wyłącz ogień i dodaj sok z cytryny na wierzchu.

3. Umieść kosz do gotowania na parze nad garnkiem z wrzącą wodą. Dodaj brokuły do koszyka i przykryj go.

4. Gotuj do miękkości, około 3-4 minut. Odcedź, a następnie przełóż na talerz do serwowania.

5. Posyp mieszanką migdałów i ciesz się!

Informacje żywieniowe:414 kalorii 6,6 g tłuszczu 1,6 g węglowodanów ogółem 5,4 g białka

Składniki na danie z quinoa:

1/2 szklanki komosy ryżowej, suszonej

2 łyżki oleju z awokado lub kokosowego

2 ząbki czosnku, posiekane

1/2 szklanki kukurydzy z puszki lub zestalonej

3 duże papryczki ringer, pokrojone w plasterki

1/2 średniej papryczki jalapeno, wypestkowanej i posiekanej 1 łyżka kminku

Pojemnik o pojemności 15 uncji czarna fasola, umyta i odsączona 1 szklanka kolendry, drobno posiekanej i podzielonej 1/2 szklanki szalotki, drobno posiekanej i podzielonej 2 szklanki cheddaru Tex Mex, posiekanego i oddzielonego 3/4 szklanki mleka kokosowego z puszki

1/4 łyżeczki soli

Instrukcje:

1. Ugotuj quinoa zgodnie z instrukcją na opakowaniu i umieść w bezpiecznym miejscu. Rozgrzej kurczaka do 350 stopni F.

2. Rozgrzej dużą glinianą patelnię z nieprzywierającą powłoką na średnim ogniu i wlej olej, aby się pokrył. Dodać czosnek i smażyć przez 30 sekund, regularnie mieszając. Uwzględnij kukurydzę, pieprz, papryczki jalapenos i

kminek. Wymieszaj i smaż bez mieszania przez 3 minuty, ponownie wymieszaj i smaż przez kolejne 3 minuty.

3. Przenieś do dużej miski wraz z ugotowaną komosą ryżową, czarną fasolą, 3/4 szklanki kolendry, 1/4 szklanki szalotki, 1/2 szklanki sera cheddar, mlekiem kokosowym i solą. Dobrze wymieszaj, przenieś do naczynia do przygotowywania 8 x 11, posyp 1/2 szklanki sera cheddar i podgrzewaj 30 minut bez przykrycia.

4. Zdjąć z grilla, posypać 1/4 szklanki kolendry i 1/4 szklanki dymki. Podawaj gorące

Porcje sałatki jajecznej czystego jedzenia: 2

Czas gotowania: 0 minut

Składniki:

6 ekologicznych jajek z wolnego wybiegu, ugotowanych na twardo

1 awokado

¼ szklanki jogurtu greckiego

2 łyżki majonezu z oliwy z oliwek

1 łyżeczka świeżego koperku

sól morska do smaku

Sałata do podania

Instrukcje:

1. Zmiksuj jajka na twardo i awokado.

2. Dodaj jogurt grecki, majonez z oliwą z oliwek i świeży koperek.

3. Dopraw solą morską. Podawać na łożu z sałaty.

Informacje żywieniowe: Węglowodany ogółem 18 g Błonnik pokarmowy: 10 g Białko: 23 g Tłuszcz ogółem: 38 g Kalorie: 486

Porcje Chili z białej fasoli: 4

Czas gotowania: 20 minut

Składniki:

¼ szklanki oliwy z oliwek extra virgin

2 małe cebule, pokrojone w ¼-calowe kostki

2 łodygi selera, cienko pokrojone

2 małe marchewki, obrane i pokrojone w cienkie plasterki

2 ząbki czosnku, posiekane

2 łyżeczki mielonego kminku

1½ łyżeczki suszonego oregano

1 łyżeczka soli

¼ łyżeczki świeżo zmielonego czarnego pieprzu

3 szklanki bulionu warzywnego

1 puszka (15 ½ uncji) białej fasoli, odsączonej i wypłukanej ¼ drobno posiekanej świeżej pietruszki

2 łyżeczki skórki z cytryny lub skórki z cytryny

Instrukcje:

1. Rozgrzej olej na dużym ogniu w holenderskim piekarniku.

2. Dodaj cebulę, seler, marchewkę i czosnek i smaż do miękkości, 5 do 8 minut.

3. Dodaj kminek, oregano, sól i pieprz i smaż przez około 1 minutę.

4. Włóż bulion i zagotuj.

5. Gotuj, dodaj fasolę i gotuj, częściowo przykryte i od czasu do czasu mieszając, przez 5 minut, aby smaki się rozwinęły.

6. Dodaj pietruszkę i skórkę z cytryny i podawaj.

<u>Informacje żywieniowe:</u>Kalorie 300 Tłuszcz ogółem: 15 g Węglowodany ogółem: 32 g Cukier: 4 g Błonnik: 12 g Białko: 12 g Sód: 1183 mg

Porcje tuńczyka z cytryną: 4

Czas gotowania: 18 minut

Składniki:

4 steki z tuńczyka

1 łyżka oliwy z oliwek

½ łyżeczki wędzonej papryki

¼ łyżeczki czarnego pieprzu, mielonego

1 sok z cytryny

4 szczypiorek, posiekany

1 łyżka szczypiorku, posiekanego

Instrukcje:

1. Rozgrzej patelnię z olejem na średnim ogniu, dodaj szczypiorek i smaż przez 2 minuty.

2. Dodaj steki z tuńczyka i smaż je przez 2 minuty z każdej strony.

3. Dodaj pozostałe składniki, delikatnie wymieszaj, włóż blachę do piekarnika i piecz w temperaturze 360 stopni F przez 12 minut.

4. Rozłóż wszystko na talerze i podawaj na obiad.

Informacje żywieniowe:Kalorie 324, Tłuszcz 1, Błonnik 2, Węglowodany 17, Białko 22

Tilapia ze szparagami i cukinią Porcje: 4

Czas gotowania: 30 minut

Składniki:

2 łyżki oliwy z oliwek extra virgin

1 średni kabaczek żołędziowy, posiewany i cienko pokrojony lub pokrojony w plasterki 1 funt szparagów, odcięty od zdrewniałych końcówek i pokrojony na 2-calowe kawałki

1 duża szalotka, cienko pokrojona

1 kilogram filetu z tilapii

½ szklanki białego wina

1 łyżka posiekanej świeżej pietruszki 1 łyżeczka soli

¼ łyżeczki świeżo zmielonego czarnego pieprzu

Instrukcje:

1. Rozgrzej piekarnik do 400°F. Blachę do pieczenia wysmarować olejem.

2. Ułóż dynię, szparagi i szalotki w jednej warstwie na blasze do pieczenia. Piec w 8 do 10 minut.

3. Ułóż tilapię i dodaj wino.

4. Posypać natką pietruszki, solą i pieprzem.

5. Piec za 15 minut. Wyjąć, odstawić na 5 minut i podawać.

<u>Informacje żywieniowe:</u>Kalorie 246 Tłuszcz ogółem: 8 g Węglowodany ogółem: 17 g Cukier: 2 g Błonnik: 4 g Białko: 25 g Sód: 639 mg

Gotuj farsz z kurczaka z oliwkami, pomidorem i bazylią

Porcje: 4

Czas gotowania: 45 minut

Składniki:

8 udek z kurczaka

małe włoskie pomidory

1 łyżka czarnego pieprzu i soli

1 łyżka oliwy z oliwek

15 listków bazylii (duże)

małe czarne oliwki

1-2 płatki świeżej czerwonej papryki

Instrukcje:

1. Zamarynuj kawałki kurczaka we wszystkich przyprawach i oleju i odstaw na chwilę, aby odpoczęły.

2. Ułożyć kawałki kurczaka w naczyniu do pieczenia z brzegiem i ułożyć na wierzchu pomidory, liście bazylii, oliwki i płatki chili.

3. Piecz kurczaka w nagrzanym piekarniku (220°C) przez 40 minuty.

4. Piecz, aż kurczak będzie miękki, a pomidory, bazylia i oliwki będą ugotowane.

5. Udekoruj świeżą pietruszką i skórką z cytryny.

<u>Informacje żywieniowe:</u>Kalorie 304 Węglowodany: 18 g Tłuszcz: 7 g Białko: 41 g

Ratatuj Porcje: 8

Czas gotowania: 25 minut

Składniki:

1 Cukinia, średnia i pokrojona w kostkę

3 łyżki. Oliwa z oliwek z pierwszego tłoczenia

2 papryki, pokrojone w kostkę

1 żółta dynia, średnia i pokrojona w kostkę

1 Cebula, duża i pokrojona w kostkę

28 uncji Całe pomidory, obrane

1 bakłażan, średni i pokrojony w kostkę ze skórką, w razie potrzeby posolić i pieprzyć

4 gałązki tymianku, świeże

5 ząbków czosnku, posiekanych

Instrukcje:

1. Na początek rozgrzej dużą patelnię na średnim ogniu.

2. Gdy będzie gorące, wlej oliwę, cebulę i czosnek.

3. Podsmaż cebulę przez 3 do 5 minut, aż zmięknie.

4. Następnie wymieszaj na patelni bakłażana, pieprz, tymianek i sól. Dobrze wymieszaj.

5. Teraz gotuj przez kolejne 5 minut lub do momentu, aż bakłażan będzie miękki.

6. Następnie dodaj cukinię, paprykę i dynię na patelnię i kontynuuj gotowanie przez kolejne 5 minut. Następnie włóż pomidory i dobrze wymieszaj.

7. Po dodaniu wszystkiego dobrze wymieszaj, aż wszystko się połączy. Gotuj przez 15 minut.

8. Na koniec sprawdź doprawienie i w razie potrzeby dodaj więcej soli i pieprzu.

9. Udekoruj natką pietruszki i mielonym czarnym pieprzem.

Informacje żywieniowe:Kalorie: 103KcalBiałko: 2gWęglowodany: 12gTłuszcz: 5g

Porcje zupy z klopsikami z kurczaka: 4

Czas gotowania: 30 minut

Składniki:

2 funty piersi z kurczaka, bez skóry, bez kości i posiekane 2 łyżki kolendry, posiekanej

2 jajka, ubite

1 ząbek czosnku, posiekany

¼ szklanki zielonej cebuli, posiekanej

1 żółta cebula, posiekana

1 marchewka, pokrojona w plasterki

1 łyżka oliwy z oliwek

5 szklanek bulionu z kurczaka

1 łyżka pietruszki, posiekanej

Szczypta soli i czarnego pieprzu

Instrukcje:

1. W misce wymieszaj mięso z jajkami i pozostałymi składnikami oprócz oleju, żółtej cebuli, bulionu i pietruszki, wymieszaj i uformuj z tej mieszanki średniej wielkości klopsiki.

2. Rozgrzej patelnię z olejem na średnim ogniu, dodaj żółtą cebulę i klopsiki i smaż przez 5 minut.

3. Dodaj pozostałe składniki, wymieszaj, zagotuj i gotuj na średnim ogniu przez kolejne 25 minut.

4. Nalej zupę do miseczek i podawaj.

<u>Informacje żywieniowe:</u>Kalorie 200, Tłuszcz 2, Błonnik 2, Węglowodany 14, Białko 12

Sałatka Colesław i Pomarańcza Z Cytrusowym Vinaigrette

Porcje: 8

Czas gotowania: 0 minut

Składniki:

1 łyżeczka skórki pomarańczowej, startej

2 łyżki bulionu warzywnego o obniżonej zawartości sodu 1 łyżeczka octu jabłkowego

4 szklanki czerwonej kapusty, posiekanej

1 łyżeczka soku z cytryny

1 bulwa kopru włoskiego, cienko pokrojona

1 łyżeczka octu balsamicznego

1 łyżeczka octu malinowego

2 łyżki świeżego soku pomarańczowego

2 pomarańcze, obrane, pokrojone na kawałki

1 łyżka miodu

1/4 łyżeczki soli

świeżo zmielony pieprz

4 łyżeczki oliwy z oliwek

Instrukcje:

1. Umieść sok z cytryny, skórkę pomarańczową, ocet jabłkowy, sól i pieprz, bulion, olej, miód, sok pomarańczowy, ocet balsamiczny i maliny w misce i wymieszaj.

2. Wyciągnij pomarańcze, koper włoski i kapustę. Strzelaj do sierści.

Informacje żywieniowe:Kalorie 70 Węglowodany: 14 g Tłuszcz: 0 g Białko: 1 g

Porcje tempeh i warzyw korzeniowych: 4

Czas gotowania: 30 minut

Składniki:

1 łyżka oliwy z oliwek extra virgin

1 duży słodki ziemniak pokrojony w kostkę

2 marchewki, cienko pokrojone

1 bulwa kopru włoskiego, przycięta i pokrojona w ¼-calowe kostki 2 łyżeczki mielonego świeżego imbiru

1 ząbek czosnku, posiekany

12 uncji tempeh, pokrojone w ½-calowe kostki

½ szklanki bulionu warzywnego

1 łyżka bezglutenowego sosu tamari lub sosu sojowego 2 szalotki, cienko pokrojone

Instrukcje:

1. Rozgrzej piekarnik do 400°F. Nasmaruj naczynie do pieczenia olejem.

2. Ułóż słodkie ziemniaki, marchewkę, koper włoski, imbir i czosnek w jednej warstwie na blasze do pieczenia.

3. Piecz, aż warzywa będą miękkie, około 15 minut.

4. Dodaj tempeh, bulion i tamari.

5. Piecz ponownie, aż tempeh się podgrzeje i lekko zrumieni, od 10 do 15 minut.

6. Dodaj szczypiorek, dobrze wymieszaj i podawaj.

Informacje żywieniowe:Kalorie 276 Tłuszcz ogółem: 13 g Węglowodany ogółem: 26 g Cukier: 5 g Błonnik: 4 g Białko: 19 g Sód: 397 mg

Porcje zielonej zupy: 2

Czas gotowania: 5 minut

Składniki:

1 szklanka wody

1 szklanka szpinaku, świeżego i zapakowanego

½ z 1 cytryny, obranej

1 Cukinia, mała i posiekana

2 łyżki stołowe. Pietruszka, świeża i posiekana

1 łodyga selera, posiekana

Sól morska i czarny pieprz według uznania

½ z 1 awokado, dojrzałe

¼ szklanki bazylii

2 łyżki stołowe. nasiona Chia

1 ząbek czosnku, posiekany

Instrukcje:

1. Aby przygotować tę łatwą zupę, umieść wszystkie składniki w szybkoobrotowym blenderze i miksuj przez 3 minuty lub do uzyskania gładkiej konsystencji.

2. Następnie możesz podawać na zimno lub podgrzewać na małym ogniu przez kilka minut.

Informacje żywieniowe:Kalorie: 250KcalBiałka: 6,9gWęglowodany: 18,4gTłuszcz: 18,1g

Składniki na Chleb Pepperoni:

1 porcja (1 funt) zestalonej mieszanki chlebowej, rozmrożonej 2 ogromne jajka, odizolowane

1 łyżka mielonego parmezanu cheddar

1 łyżka oliwy z oliwek

1 łyżeczka drobno posiekanej chrupkiej pietruszki

1 łyżeczka suszonego oregano

1/2 łyżeczki czosnku w proszku

1/4 łyżeczki pieprzu

8 uncji pokrojonej pepperoni

2 szklanki startej częściowo odtłuszczonej mozzarelli cheddar 1 puszka (4 uncje) łodyg i kawałków grzybów, odsączonych 1/4 do 1/2 szklanki krążków suszonej papryki

1 średnia zielona papryka, pokrojona w kostkę

1 puszka (2-1/4 uncji) pokrojonych gotowych oliwek

1 puszka (15 uncji) sosu do pizzy

Instrukcje:

1. Rozgrzej piec do 350°. Na wysmarowanej tłuszczem blasze przełóż ciasto na formę o wymiarach 15 x 10 cali. kwadratowy kształt. W małej misce wymieszaj żółtka, parmezan cheddar, olej, pietruszkę, oregano, czosnek w proszku i pieprz. Posmarować mieszanką.

2. Posyp pepperoni, mozzarellą cheddar, pieczarkami, krążkami papryki, zieloną papryką i oliwkami. Poruszaj się w górę, styl ruchu dżemu, zaczynając od jednego dłuższego boku; naciśnij zagięcie, aby uszczelnić i złożyć wykończenia.

3. Ustaw część zagięciem w dół; posmarować białkiem.

Postaraj się, żeby to nie wzrosło. Przygotuj, aż do uzyskania błyszczącego ciemnego koloru i ugotowania mieszanki, 35-40 minut. Podgrzej sos do pizzy; prezent z ciętą porcją.

4. Wybór mrożenia: Zamroź schłodzoną, nie pokrojoną w plastry porcję pizzy w folii aluminiowej. Aby użyć, wyjmij z lodówki na 30 minut przed podgrzaniem. Łyżką wyjmij folię i gorącą porcję na natłuszczony arkusz na rozgrzanym grillu do 325 °, aż się rozgrzeje. Wypełnij zgodnie z ustaleniami.

Gazpacho z buraków Porcje: 4

Czas gotowania: 10 minut

Składniki:

1 × 20 uncji Puszka fasoli Great Northern, umytej i odsączonej ¼ łyżeczki. Sól koszerna

1 łyżka stołowa. Oliwa z oliwek z pierwszego tłoczenia

½ łyżeczki Czosnek, świeży i mielony

1 × 6 uncji woreczek na płatki z łososia w kolorze różowym

2 łyżki stołowe. Sok z cytryny, świeżo wyciśnięty

4 zielone cebule, cienko pokrojone

½ łyżeczki zmielony czarny pieprz

½ łyżeczki skórka otarta z cytryny

¼ szklanki płaskiej, świeżej, posiekanej natki pietruszki

Instrukcje:

1. Najpierw umieść skórkę z cytryny, oliwę z oliwek, sok z cytryny, czarny pieprz i czosnek w średniej misce i wymieszaj trzepaczką.

2. Połącz fasolę, cebulę, łososia i pietruszkę w innej średniej wielkości misce i dobrze wymieszaj.

3. Następnie łyżką sosu z soku z cytryny polać mieszankę fasoli.

Dobrze wymieszaj, aż sos pokryje mieszankę fasoli.

4. Podawaj i ciesz się.

Informacje żywieniowe:Kalorie 131 kcal Białko: 1,9 g Węglowodany: 14,8 g Tłuszcz: 8,5 g

Rigatoni z pieczonej dyni Składniki:

1 duża cukinia

3 ząbki czosnku

2 łyżki stołowe. olej

1 funt rigatoni

1/2 c. treściwy krem

3C. zniszczona fontina

2 łyżki stołowe. posiekana chrupiąca szałwia

1 łyżka stołowa. sól

1 łyżeczka. pieprz naturalnie mielony

1 w. bułka tarta panko

Instrukcje:

1. Rozgrzej kurczaka do 425 stopni F. Tymczasem w dużej misce wrzuć dynię, czosnek i oliwę z oliwek do pokrycia. Umieścić w dużej blasze do pieczenia z brzegami i piec do miękkości, około 60 minut.

Przenieś pojemnik na stojak z drutu i pozwól mu nieco ostygnąć, około 10 minuty. Obróć kuchenkę do 350 stopni F.

2. W międzyczasie podgrzej duży garnek osolonej wody do wrzenia i ugotuj rigatoni zgodnie z instrukcją na opakowaniu. Kanał i umieść w bezpiecznym miejscu.

3. Używając blendera lub robota kuchennego, zmiksuj dynię piżmową ze śmietaną na puree na gładką masę.

4. W dużej misce wymieszaj puree dyniowe pozostałe w rigatoni, 2 filiżanki fontiny, więcej przypraw, sól i pieprz. Posmaruj podstawę i boki naczynia przygotowawczego o wymiarach 9 na 13 cali oliwą z oliwek. Przełóż mieszankę rigatoni z dynią na talerz.

5. W małej misce połącz pozostałą fontinę i panko. Posyp makaron i podgrzewaj, aż stanie się błyszczący, ciemny, od 20 do 25 minut.

Zupa Capellini z Tofu i Krewetkami Porcje: 8

Czas gotowania: 20 minut

Składniki:

4 szklanki bok choy, pokrojone

1/4 funta krewetek, obranych, oczyszczonych

1 blok twardego tofu, pokrojonego w kwadraty

1 puszka pokrojonych kasztanów wodnych, odsączonych

1 pęczek szczypiorku, pokrojony

2 szklanki bulionu z kurczaka o niskiej zawartości sodu

2 łyżeczki sosu sojowego o obniżonej zawartości sodu

2 szklanki gromadnika

2 łyżeczki oleju sezamowego

Świeżo mielony biały pieprz

1 łyżeczka octu ryżowego

Instrukcje:

1. Wlej bulion do rondla na średnim ogniu. Doprowadzić do wrzenia. Dodaj krewetki, bok choy, olej i sos. Pozwól mu się zagotować i zmniejsz ciepło. Smaż przez 5 minut.

2. Dodaj kasztany wodne, pieprz, ocet, tofu, capellini i cebulę. Gotuj przez 5 minut lub do momentu, aż capellini będzie miękki.

Podawać na gorąco.

<u>Informacje żywieniowe:</u>Kalorie 205 Węglowodany: 20 g Tłuszcz: 9 g Białko: 9 g

Schab z Pieczarkami i Ogórkami Porcje: 4

Czas gotowania: 25 minut

Składniki:

2 łyżki oliwy z oliwek

½ łyżeczki oregano, suszonego

4 kotlety schabowe

2 ząbki czosnku, posiekane

1 sok z limonki

¼ szklanki kolendry, posiekanej

Szczypta soli morskiej i czarnego pieprzu

1 szklanka białych pieczarek, przekrojonych na pół

2 łyżki octu balsamicznego

Instrukcje:

1. Rozgrzej patelnię z olejem na średnim ogniu, dodaj kotlety schabowe i smaż przez 2 minuty z każdej strony.

2. Dodać pozostałe składniki, wymieszać, gotować na średnim ogniu przez 20 minut, rozłożyć na talerze i podawać.

Informacje żywieniowe:Kalorie 220, Tłuszcz 6, Błonnik 8, Węglowodany 14,2, Białko 20

Porcje paluszków z kurczaka: 4

Składniki:

¼ c. siekana cebula

1 opakowanie ugotowanego makaronu chow mein

świeży czarny pieprz

2 puszki kremu z grzybów

1 ¼ w. siekany seler

1 w. orzechów nerkowca

2c. gotowany kurczak pokrojony w kostkę

½ w. woda

Instrukcje:

1. Rozgrzej piekarnik do 375°F.

2. W garnku odpowiednim do piekarnika wlej dwie puszki kremu z grzybów i wodę. Mieszać do połączenia.

3. Do zupy dodać pokrojonego w kostkę ugotowanego kurczaka, cebulę, seler, paprykę, orzechy nerkowca. Mieszaj, aż się połączą. Dodaj połowę makaronu do mieszanki, mieszaj, aż się pokryje.

4. Naczynie żaroodporne przykryć resztą makaronu.

5. Umieść blachę w piekarniku. Piec przez 25 minut.

6. Podawaj natychmiast.

<u>Informacje żywieniowe:</u>Kalorie: 201, Tłuszcz: 17 g, Węglowodany: 15 g, Białko: 13 g, Cukry: 7 g, Sód: 10 mg

Balsamiczny Pieczony Kurczak Porcje: 4

Składniki:

1 łyżka stołowa. posiekany świeży rozmaryn

1 ząbek mielonego czosnku

czarny pieprz

1 łyżka stołowa. olej

1 łyżeczka. brązowy cukier

6 gałązek rozmarynu

1 cały kurczak

½ w. ocet balsamiczny

Instrukcje:

1. Dodaj czosnek, posiekany rozmaryn, czarny pieprz i oliwę z oliwek. Natrzyj kurczaka mieszanką ziołowo-olejową.

2. Do wnętrza kurczaka włożyć 3 gałązki rozmarynu.

3. Umieść kurczaka na blasze do pieczenia i piecz w temperaturze 400 F przez około 1 godzinę. 30 minut.

4. Kiedy kurczak się zrumieni, a soki będą klarowne, przełóż na talerz.

5. Na patelni rozpuść cukier w occie balsamicznym na dużym ogniu.

Nie gotować.

6. Pokrój kurczaka i zalej mieszanką octu.

Informacje żywieniowe:Kalorie: 587, Tłuszcz: 37,8 g, Węglowodany: 2,5 g, Białko: 54,1

g, Cukry: 0 g, Sód: 600 mg

Porcje steków i grzybów: 4

Czas gotowania: 15 minut

Składniki:

2 łyżki oliwy z oliwek

8 uncji pieczarki, pokrojone

½ łyżeczki czosnku w proszku

1 kg steku, pokrojonego w kostkę

1 łyżeczka (5 ml) sosu Worcestershire

pieprz do smaku

Instrukcje:

1. Rozgrzej frytkownicę do 400 stopni F.

2. Wymieszaj wszystkie składniki w misce.

3. Przenieś do koszyka frytownicy.

4. Gotuj przez 15 minut, dwukrotnie potrząsając koszykiem.

Porcje mięsne Porcje: 4

Czas gotowania: 12 minut

Składniki:

2 łyżeczki cebuli w proszku

1 łyżeczka czosnku w proszku

2 łyżeczki rozmarynu, posiekanego

1 łyżeczka papryki

2 łyżki aminokwasu kokosowego o niskiej zawartości sodu

pieprz do smaku

1 kg steku pokrojonego w paski

Instrukcje:

1. Wymieszaj wszystkie przyprawy i przyprawy w misce.

2. Dodaj paski steku.

3. Marynuj przez 10 minut.

4. Dodaj do koszyka frytownicy.

5. Gotuj w temperaturze 380 stopni F przez 12 minut, potrząsając raz lub dwa razy w połowie gotowania.

www.ingramcontent.com/pod-product-compliance
Lightning Source LLC
Chambersburg PA
CBHW070410120526
44590CB00014B/1339